保育問題研究シリーズ

文学で育ちあう子どもたち

絵本・あそび・劇

全国保育問題研究協議会 編

編集委員 田代康子・西川由紀子・山﨑由紀子
徳永満理・小川絢子

新読書社

『保育問題研究シリーズ』の刊行にあたって

現在、全国でおよそ一八〇万人の乳幼児が保育所で、二〇〇万人の幼児が幼稚園で、集団保育を受けています。

その子どもたちの日々の生活と、発達を保障する保育・幼児教育の仕事は、今日の社会情勢と、児童福祉・教育の制度・行政条件のもとで、きびしい局面にたたされています。

私達は歴史の要請である保育の社会化を、乳幼児の健康な生活と全面発達の保障、共に生きる世代の連帯を育てる民主的な集団づくりと結びつけて、科学的に追求してきました。近年の託児企業の進出による商業主義的育児サービスの普及によって公的保育が危機にたたされている現在、「保育とは何か」「子どもたちのために保育者は何をしなければならないのか」をあらためて各方面に問いかけ、未来に生きる子どもの権利を守る保育実践を、私達は保育界に提起していく決意です。

保育問題研究シリーズは、全国保育問題研究協議会の結成以来二十数年の歴史をかけてきずいてきた各地の保育実践に根ざした研究成果を、現時点の課題にたって整理しなおし、研究会内外の保育関係者の討論に供するべく編まれたものであり、私達の到達点と同時に出発点でもあります。みなさんの御批判を受け、さらによりよいものにしていきたいと願っています。

一九八八年三月　全国保育問題研究協議会常任委員会

文学で育ちあう子どもたち——絵本・あそび・劇——（目次）

Ⅲ　さまざまな劇あそび・劇づくり［実践と解説］　107

コラム

1. メディアの変化と子どもの絵本の状況

戦後、第二期保育問題研究会（略称・保問研のちに全国保問研）が発足したのは一九五三年でした。この年末に「岩波子どもの本」が、三年後には月刊「こどものとも」が刊行され、これらの絵本とともに保問研の文学部会も歩み始めました。それから半世紀余を経て、メディアの急速な発展にともなって子どもたちの絵本をめぐる状況も大きく変わってきました。メディアと関連させて子どもたちの絵本をめぐる状況を見ると、子どもたちの現在が見えてきます。一五ページの表「子どもとメディアの歴史」にはその時代に刊行された特徴的な絵本を示しました。

1 街頭紙芝居とラジオの世代（ラジオ世代）

第二期保問研が再建された一九五三年、その年の暮れに岩波書店の「岩波子どもの本」第一回配本がありました。それまでのキンダーブックや講談社の絵本とは違う、白い余白のある絵や物語のおもしろさに当時の子どもたちは魅了されました。当初は翻訳絵本が中心でしたが、その後日本の画家や作家による創作絵本が加わりました。一九五六年に、福音館書店の月刊「こどものとも」が創刊されました。絵本の可能性を知った一九五〇年代でした。

一九五三年は日本でテレビ放送が開始された年でもあり、街頭に大型テレビが設置されプロレスや相撲放送が見られるようになりました。子どもたちは街頭紙芝居屋さんの演じる紙芝居やラジオの子ども番組が楽しみの中心でした。新しい絵本がどの家庭にも届くのはまだまだ先のこと、五〇年代の子どもたちは聴くことを楽しみました。

2 生まれたときからテレビのある世代（テレビ世代）

六〇年代は、「こどものとも」の評判絵本がハードカバーになるとともに、岩波書店、福音館書店以外の出版社からも意欲的な絵本が出版されるようになりました。とくに童心社の赤ちゃん絵本によって絵本の対象年齢が広がりました。七〇年代に入ると、子どもたちを魅了する幼年文学、笑ってしまういわゆるナンセンス絵本、絵の展開がおもしろい絵本等、これまでにないジャンルの絵本が出版されるようになりました。全国保育問題研究集会（以下、全国集会）における文学分科会は一九七四年にでき、いろいろなジャンルの絵本の読み聞かせや劇づくりの実践、絵本リストが提案されました。

六〇年代は各家庭にテレビが普及したときでした。「生まれたときからテレビのある世代」の出現です。それとともにテレビの長時間視聴が問題になりはじめました。

3 生まれたときからテレビ・ビデオ・ゲーム機のある世代（ゲーム・ビデオ世代）

八〇年代、絵本は以前の絵本が版を重ね、人気絵本作家が次々と出版し、新しい絵本作家も増えました。第二八回全国集会（一九八九年）の文学分科会案内には「今日、絵本を知らないことの理由は、『いっぱいありすぎて』ということになるでしょう」とありますが、それほどの絵本ブームのときでした。

このころビデオデッキが家庭に普及しだし、以前なら見逃したら二度と見られなかったテレビ番組でしたが、録画することで「いつでも、何度でも見られる」時代になりました。このビデオデッキ普及率を利用して、八八年にベネッセが「こどもちゃれんじ」をはじめました。会員になると、毎月しまじろうの登場する絵本雑誌が各家庭に届き、付録に玩具やしつけやお話や歌が入ったビデオがついてくるのです。最初は五歳児向「じゃんぷ」だけでしたが、順次年齢を下げて会員を募り、九六年には一歳児向け「ぷち」がでました。この会員になれば絵本をわざわざ買わずにすみ、子どもの好きなビデオも入手できると人気になりました。

八三年にテレビゲーム、任天堂のファミリーコンピュータ（以下、ファミコン）が登場し、小中学生を中心に爆発的に浸透し、きょうだい関係をとおしてすぐに幼児にも広がりました。

九〇年代になると、ビデオ絵本が次々と製作・販売されるようになりました。ビデオ絵本は、既成の絵本の絵の登場人物がアニメのように動き、製作者の意図で絵の一部が勝手にズームアップ、文章は声優のナレーション、音楽つき、ページをめくることなく連続して展開するものです。初期に発売されたそのひとつ「世界絵本箱」シリーズ（ヤマハ・ビデオ・ライブラリー）は、『スイミー』『かいじゅうたちのいるところ』など保育場面で子どもたちに楽しまれている絵本をビデオにし、一本のビデオに絵本数冊分が収録され、ナレーションが英語と日本語で切り替え可能で英語教育にもってこい等々の理由で、これまでよい絵本を子どもに与えようとしてきた親たちにも浸透していきました。その後、日本の絵本もビデオになっていきます。

九〇年代は、ビデオカメラ、パソコン、携帯電話が普及しましたが、まだおとなのものでした。

4 生まれたときからインターネットのある世代（ネット世代、デジタル・ネィティブ）

九〇年代後半、さまざまな携帯通信機器でインターネットが利用できるようになりました。生まれたときからインターネットのある世代、デジタル・ネィティブの誕生です。

二〇〇〇年代、デジタル時代に入り、CGを駆使して静止画像を簡単に動かせるようになり、ビデオ絵本はDVD絵本になり、各社が参入して次々に発売されるようになりました。

二〇一〇年代になると、スマホやタブレットの携帯端末の普及によって「いつでも、どこでも、何度でも」の時代になり、子どもたちのメディア環境が一変しました。原陽一郎氏によると、福岡県内四市の健診時の調査（二〇一五年）で、スマホ・タブレットに触っている子どもの割合は、四ヶ月健診で二割近く、一歳六ヶ月健診で半数近く、三歳健診では六割しかもその使用頻度も多いという結果がでたそうです（「乳幼児期の『メディア』接触の状況と保育」、『季刊保育問題研究』二七九号、三七 - 三八頁）。子ども用アプリだから安心だとやらせてしまった結果、一歳児が端末機器を巧みに操り、タッチして見たい動画を選び出し長時間ひとりで見続け、取りあげようとすると泣き叫んで手に負えないという話がそこここで聞かれるようになりました。ダウンロードすれば手に入る動画絵本、乳幼児でも可能なゲーム、ユーチューブ動画と広がり、利用アプリも年々すごい勢いで増加し、おとなのメディア依存問題が幼い子どもたちにまで及んでいます。

二〇一三年一二月、日本小児科医会は「スマホに子守りをさせないで！」のポスターを作り開業小児科医に配りました。そこに危険な例として、「ムズかる赤ちゃんに、子育てアプリの画面で応えることは、赤ちゃんの育ちをゆがめる可能性があります」、「親も子どももメディア機器接触時間のコントロールが大事です。親子の会話や体験を共有する時間が奪われてしまいます」、「親がスマホに夢中で、赤ちゃんの興味・関心を無視しています。赤ちゃんの安全に気配りができていません」の三つをあげています。デジタル・ネイティブの子どもたちは、この危険のなかを生きています。一方、よい例として、「赤ちゃんと目と目を合わせ、語りかけることで赤ちゃんの安心感と親子の愛着が育まれます」、「親子が同じものに向き合って過ごす絵本の読み聞かせは、親子がともに育つ時間です」、「散歩や外遊びなどで親と一緒に過ごすことは子どもの体力・運動能力そして五感や共感力を育みます」をあげています。

子どもの読書力の低下を危惧した政府が二〇〇〇年を「子ども読書年」とし、二〇〇一年には絵本で親子が遊ぶ楽しさを普及するブックスタート運動が日本でも始まり、小学校で絵本の読み聞かせをする運動もさかんになり、図書館の児童書コーナーや読み聞かせ活動も充実しました。二〇〇二年には、絵本の年間新刊発行数は約一八〇〇点、年間発行総数は約一二〇〇万部というほど多数の絵本が発行されました。それだけにどれがいいのか選ぶのが難しく、インターネットで絵本を検索し購入もできる絵本専用サイトもできました。

親の使う携帯端末機器は子どもたちの日常のなかに存在しています。ゲーム・ビデオ世代の親たちに向きあって絵本を子どもと一緒に楽しむ魅力を伝え、デジタル・ネイティブの子どもたちに保育のなかで絵本や幼年文学の楽しみを知らせ、そこから主権者としての子どもたちが豊かに育つための方策を創りだすことが今いっそう求められています。

2. 本書の構成

全国集会・文学分科会は一九七四年に表現活動のひとつの分科会として始まりました。以来「認識と表現—文学」分科会では、子どもの成長の中で文学がどのような可能性を持っているのか、日々の実践を持ち寄って検討してきました。保育場面での文学の実践は、絵本、紙芝居、素話、お話づくり、劇ごっこ、劇づくり、演劇、園文庫活動等と多岐にわたります。分科会の成果は、一九九一年の全国保問研・夏季セミナー「乳幼児期の文学教育」、一九九三年刊行の保育問題研究シリーズ『絵本・劇・あそび—乳幼児の文学』（新読書社）にまとめられています。

その後、とくにまとめる機会をもたずにきましたが、二〇一六年夏季セミナー「今、子どもたちの文学を考える　絵本・あそび。劇づくり」を企画し、多彩な創造的な実践を分科会以外の全国の保育者に届ける必要を分科会運営委員一同強く意識いたしました。

本書は、これからの「認識と表現—文学」の実践を大きく広げるための手掛かりとなるようにと企画いたしました。三部構成になっています。

一部は、前回の出版後を中心に、これまでの分科会の歴史をたどっています。

二部は、「絵本を楽しむ・絵本からさまざまな活動へ」です。

二〇一八年施行の「保育所保育指針」「幼稚園教育要領」「幼保連携型認定こども園教育・保育要領」での絵本の位置づけはじつに嘆かわしいものです。五領域の「『言葉』の内容の取扱い」の文章は、「絵本や物語などで、その内容と自分の体験を結びつけたり、想像を巡らせたりするなど、楽しみを十分に味わうことによって、次第に豊かなイメージをもち、言葉による伝え合いができるようにすること」です。「言葉による伝え合いができる」が目的で、絵本や物語はそのための手段なのです。指針や要領のどこを読んでも、「絵本や物語をみんなで楽しむ」ことが保育内容の目的になっていないのです。

絵本や物語でハラハラドキドキしたり大笑いしたり、クラスのみんなで心を動かして楽しむ、その意味をもっと大切に考えたいのです。みんなで楽しむと、そこから子どもたちがいろいろな活動をはじめ、保育者がちょっと工夫するとその活動がさらに大きく広がります。絵本を楽しんだからこそ生まれた特徴的な四つの実践を取りあげました。

三部は、「さまざまな劇あそび・劇づくり」です。年齢やクラスの状況、園の文化として定着しているやり方によって、多彩な劇あそび・劇づくりの実践があります。分科会で議論になった特徴的な七つの実践を取りあげました。執筆者の方々には、なぜこのやり方をとったのか、どのように考えたのかを述べていただき、考え方とつなげて実践を学べるようにお願いいたしました。

本書の実践も解説も「提案」です。「報告」ではありません。この「提案」をもとに議論し、自らの園やクラスの子どもたち、保育者集団の魅力を生かした保育実践を生み出していく手がかりになることを、運営委員一同、心から願っています。

（田代康子）

表1　子どもとメディアの歴史

年代		メディアの状況	子どもとメディア	そのころ出版された代表的絵本	文学分科会
1950年代	ラジオ世代	新しい絵本の登場（53） 日本でTV放送開始(53)	・岩波子どもの本刊行(53〜59) ・福音館書店「こどものとも」創刊(56)	ちびくろさんぼ/ちいさいおうち/ひとまねこざる/かにむかし/きかんしゃやえもん/こねこのぴっち	第2期保問研再建(53/2)
1960年代	テレビ世代	多彩な絵本の出版 東京オリンピックでTVがほぼ全家庭に普及(64)	・『子どもと文学』石井桃子他(60) ・『子どものとも』好評絵本がハードカバーに ・童心社、ポプラ社、こぐま社等多数出版社の絵本出版	三びきのこぶた/スーホの白い馬/おおきなかぶ/ぐりとぐら/おおかみと七ひきのこやぎ/三びきのやぎのがらがらどん/てぶくろ/おだんごぱん/いたずらきかんしゃちゅうちゅう/しょうぼうじどうしゃじぷた/ピーターのいす/ちのなかぬないこだれだ いやいやえん/エルマーのぼうけん/いないいないばあ/やまんばのにしき/11ぴきのねこ	第1回全国保問研集会(61)
1970年代	テレビ世代	喫茶店にインベーダーゲーム（78）	・岩佐京子著『テレビに子守をさせないで』（76）	ロボットカミイ/おしいれのぼうけん/ちいさいモモちゃん/たつのこたろう/どろぼうがっこう/かいじゅうたちのいるところ/もこもこもこ/じごくのそうべえ/つのはなんにもならないか/しろくまちゃんのほっとけーき/はけたよはけたよ/はじめてのおつかい/ティッチ/モチモチの木 ノンタンブランコのせて/ことばあそびうた/フランシスのいえで	第17回「認識と表現・文学」分科会(78)
1980年代	ビデオ世代	テレビゲーム(83) VTRの普及	・ベネッセ「こどもちゃれんじ」5歳児がまず発売。しまじろうVTR（88）	キャベツくん/へんてこへんてこ/すいかのたね/めっきらもっきらどおんどん/おやすみなさいコッコさん/きんぎょがにげた/かおかおどんなかお/どんどんどんどん/14ひきのあさごはん	
1990年代	ビデオ世代	ビデオカメラ・PC・携帯電話の普及	・米国小児科学会勧告「2歳以下にはTVを見せない」（91） ・絵本VTR登場 世界絵本箱、(96)/松谷みよ子「いないいないばあ」VTR（98）	でんしゃにのって/かまきりっこ/ゆうきのおにたいじ/おっぱい/わんぱくだんシリーズ	夏季セミナー「文学」(91)
2000年代	デジタル・ネイティブ	インターネット普及 多様なデジタルデバイスの普及	・ブックスタート運動（01） ・DVD絵本を各社が発売 ・TV・VTR長時間視聴による問題で日本小児科医会提言・小児科学会提言（04） ・ダウンロードするデジタル絵本	じゃあじゃあびりびり/くっついた/だるまさんが/こんたのおつかい/にんじゃごっこ/100かいだてのいえ/だめよ、ディヴィッド/おばけかぞくのいちにち/ねこガム/おおさむこさむ/いいからいいから	
2010年代	デジタル・ネイティブ	子育てアプリの普及 親が利用するアプリ Ex. しつけアプリ「鬼から電話」(12秋) 子ども自身が操作して遊ぶアプリ	・米国小児科学会勧告「2歳未満のメディア接触の悪影響、保護者のメディア使用を控える」（11） ・日本小児科医会ポスター「スマホに子守をさせないで」（14）	絵本『地獄』がしつけに役立つとネットで評判、11秋に始まり半年で10万部販売 絵本『おやすみロジャー』が「たった10分で寝かしつけ!」と評判。15年発売で75万部	夏季セミナー「文学」(16)

＊2002年度の絵本の新刊年間1800点、年間発行部数1200万部　　田代康子作成

I

認識と表現
文学分科会の現在と課題

「考え方を学ぶ」を大切にしてきた分科会の今

田代康子

1. 分科会開始から九〇年代までに分科会で確かめられてきたことと課題

1 第一四回全国保育問題研究集会・表現活動（文学）分科会のまとめ

全国保育問題研究集会（以下略・全国集会）での文学分科会は、第一三回全国集会（一九七四年）に表現活動（文学・絵画・音楽）分科会のひとつとしてはじまりました。第一四回全国集会（一九七五年）の分科会討議の総括Ⅱ（文学・絵画・音楽）で、乾孝さんは、「従来、文学の鑑賞といいますか、作品をどういう風に子どもに取りつぐかというような側面に片寄っていた文学の分科会としては、今年は子どもの表現活動の問題と、仲間づくりの問題というところへ、重点が大きく動いたのが、特徴」（『季刊保育問題研究』五二号、二〇頁）だと述べています。「文学の楽しみは個人のもので、子どもの心のなかにそっとしまっておくもの」という考え方を超えて、「表現活動と結びつけた文学」「仲間づくりのうえでの文学」を実践的に検討する第一歩でした。第一七回全国集会（七八年）からは、「認識と表現」にかかわる四分科会（文学、美術、音楽、科学）のひとつになりました。

2●一九九一年第八回全国保育問題研究協議会（略・全国保問研）・夏季セミナー（『季刊保育問題研究』一三二号、一九九一年）

一九九一年八月の第八回全国保問研・夏季セミナー「乳幼児期の文学教育」で前運営委員の中島常安さんが報告された基調報告から、文学分科会の当時の確認および課題を三点にまとめることができます。

一点めは、「同じ作品を鑑賞するという、みんなで共通の体験をすることで、互いに『共感』しあう喜びを味わうところに、集団保育のなかでの文学教育の意義がある」（『季刊保育問題研究』一三二号、一九頁）ということが分科会の基本になっていることです。

二点めは「ウソッコの世界の出入り」をめぐる問題です。

「ウソッコの世界の出入り」という言葉は、第一四回全国集会（七五年）で、東京保育問題研究会が乾孝著『子どもたちと芸術をめぐって』（いかだ社、一九七二年）を学習した内容を提案したところからはじまります。基調報告で中島さんは、「文学分科会では、幼児期の文学体験―ここでは文学についての細かい定義は問わない―を、幼児期が未分化な認識段階にあることをおさえつつも、おとなのばあいと同じく、『作り話』としての虚構の世界を、現実世界と対比させながら楽しみ味わうものとしてとらえ、これを『ウソッコの世界との出入り』と名づけるところから出発しました」（『季刊保育問題研究』一三二号、二〇頁）と書かれています。「ウソッコの世界の出入り」でおさえたかった点は、①虚構の世界に入りっぱなしになり、虚構を現実であるかのように錯覚して、登場人物と同じようにできる（例えば、スーパーマンのように飛べる）と信じさせてはいけない、②虚構の世界を楽しむと同時に、それを通して現実を見直すようにする、③子どもでも虚構と現実の区別ができる、という三つがポイントといえます。

八〇年代後半、絵本・物語の世界が自分のすぐ近くにあると感じた子どもたちがそれはどこなのかと探しにいくという実践提案がありました。それに対して、「虚構であるはずのものを『ホンキ』のあそびにしてしまう実践」と批判があり、子どものウソッコの世界をおとながわざわざホンキにさせていいのかという点で議論になりました。この議論について、基調報告では、「『出入り』概念のどこまでが、はたして文学分科会での共通理解であったのか、言葉の一人歩きがなかったかという疑念が、この間に明るみに出たことは事実です」（『季刊保育問題研究』一三二号、二一頁）と、「ウソッコの世界の出入り」を新たな視点で検討する必要があることを示唆しました。

三点めは、読み聞かせとその後の表現活動への展開を考えていこうということです。「認識と表現」とくくられる分科会として、文学における認識と表現を考えていく手がかりがそこにあるととらえているといえます。基調報告では、「まず絵本の読み聞かせが入口となり、それを題材としてさまざまな表現活動へと発展させていくことで完結させる方法が考えられました。例として、①劇あそび・劇づくり、②共同作業での紙芝居づくり、③ホンキあそび（おはなしの世界が現実になったと思わせるという意味での）などがあります」（『季刊保育問題研究』一三二号、二四頁）と述べられています。

このセミナーでは、基調報告に続いて、「鑑賞・絵本の読みとりの到達点と課題」とその実践報告として「未満児と年長児の読みとり」、「表現・劇活動の到達点と課題」とその実践報告として「花のすきなうし・五歳児」、「三匹のやぎのガラガラドン・三歳児」がありました。

3 一九九三年、保育問題研究シリーズ『絵本・劇・あそび―乳幼児の文学』（全国保育問題研究協議会編　新読書社）の出版

セミナーの一年半後に刊行されたこの本は、文学部会の歴史を振りかえり到達点をまとめたものです。それまでの提案を整理した「さまざまな実践にそって」の章は、「絵本の読み聞かせ」、「おはなしづくり」、「劇的表現活動―ウソッコの世界をあそぶ」、「劇あそび・劇づくり」、「絵本リスト」「文庫活動」の六つの節で構成されています。

「絵本の読み聞かせ」で、前運営委員の亀谷純雄さんは、「一つの作品を繰り返して読み聞かせると、子どもたちは感動を薄めるのではなくて、それまでみえなかった作品世界の広がりを発見しつづけます。そこで感動は深まるのです。（中略）そして、一人の子どもの発見は、子ども同士の交流、表現活動を通してみんなの発見にひろがり、感動は共有されることになります。いいかえると、表現と認識、認識と感動の連関をふかめる絵本の役割を考えることが、以下の課題になります」（『絵本・劇・あそび―乳幼児の文学』、三九頁）と述べています。第一四回全国集会時の「仲間づくりのうえでの文学」という課題を「みんなで読むことで深く読める」と確かめられたといえます。「表現活動を通して、より深い感動を共有する」ために、どのような表現活動を、どのように組織していくかが課題になっていました。

「劇的表現活動―ウソッコの世界をあそぶ」で、種田庸宥さんは、「劇的表現活動は、いろんな媒体や自分たちのからだを使って、話しあいながらイメージをつくり、物語世界、ウソッコの世界を、みんなで展開していくあそびです。(中略) このウソッコの世界をみんなでつくりあげる力が、自分たちの現実世界を見直し、つくりかえていく力につながっているのです」(同書、一一二頁) と述べ、劇的表現活動として、ごっこあそび、貼り絵、パネルシアター、紙芝居、ペープサート、人形劇をとりあげています。

「劇あそび・劇づくり」で、前運営委員の田川浩三さんは、幼児の文学活動を「集団による認識・表現活動」ととらえたうえで、「表現活動となると実に多様ですが、絵本の内容を集団で演じてあそぶ『劇あそび』が、最も日常的に多くとりくまれています」(同書、一一五頁) ととらえ、『劇あそび』は劇で**あ**そぶことです。(中略) 子どもも保育者も、遊び心に満たされて即興的に、自由に演じることです。しかし、場所や役やできごとについてのイメージを、集団である程度共有し、複雑な約束ごとを守らないと、クラスのみんな遊びは盛り上がりません」(同書、一一六頁) とごっこあそびとの違いを指摘しています。田川さんは「劇づくり」について、「劇をする力として大切なことは、幼児自身の劇づくり観 (劇のイメージと、自分達でするものだという意識) と意欲 (努力すれば到達可能な困難な課題に挑戦する) であります。それをなしとげ得る集団の質の高まりであります。また、劇づくりをすることで集団の質は、飛躍的に向上します。作品の内容についての伝えあいや討議づくりは、文学教育のかなめとなりますが、演じあいながら相互批判をするのは、劇づくり独自の集団思考です」(同書、一三七頁) と、劇づくりにおける集団の成長について述べています。

「おはなしづくり」で、亀谷さんは、「基本的なねらいは、どれも子どもたちの生活体験を見直すということにつきます。見直すということは同時に、生活体験を深めるということでもあります」（同書、六六頁）と、「伝えあい保育」の実践でたしかめられてきた幼児期の生活綴方実践ともいえるような自分たちの生活や体験をとらえなおす契機としてのおはなしづくりの位置づけを指摘しています。「絵本リスト」で、前運営委員の坂本美頬子さんは、「絵本リストづくりは全国共通の画一的なものをつくるというよりは、各園や各地のサークルで、目の前の子どもの発達や集団の反応を吟味してつくったものを、いろいろな機会に学び合うという性格のものです」（同書、一四三頁）と述べています。

2. その後の全国集会・文学分科会の提案に見る分科会の現状と課題

その後、全国集会・文学分科会として提案や討議全体をまとめ方向づけることをしてきませんでした。今回、現状をとらえるために、提案内容を以下の六つに分類して年代ごとに整理し表2にまとめました。実践ですからひとつの提案は以下の分類のいくつかを含んでいますが、提案の中心におかれているもので判断しました。

A　絵本を読んでいるときの子どもたちの楽しみや読みとり

B　読んだ絵本から展開する活動（発表会に向けての劇あそび・劇づくり以外の、「劇的表現活動―ウソッコの世界をあそぶ」に相当するあそびや紙芝居づくりなど「多様な表現活動」に含まれるもの）

C　発表会・運動会にむけての劇あそび・劇づくり

D　おはなしづくり

E　絵本リスト・絵本の分析

F　その他（「ウソッコの世界の出入り」について、口頭詩など他の分類に入らないもの）

二〇〇一年（四〇回）以降を中心に、近年の分科会のようすと課題を見てみます。

1●「絵本の読み聞かせの工夫やそのときの子どもたちのようす」の提案が、数年おきではありますが続いています。

クラス年齢ごとの提案数は、〇歳が一、〇・一歳が一、一・二歳が二、四歳が二、です。

未満児の提案では、ふだんはバラバラな子どもたちが絵本を読むと気持ちがかよってみんなで楽しめるようになった一年間（京都〇歳、一一年）、絵本のバリエーションを工夫し、絵本の世界をふくらませて楽しむ（兵庫〇・一歳、〇五年）、保育者の読む絵本を見て、子どもたちが顔を見あわせてワクワクドキドキを楽しむ（京都一・二歳、一五年）、他の子が見ている絵本をのぞきこんで一緒にイメージを広げて楽しむ（福岡一・二歳、一五年）など、絵本をみんなで楽しんでいるときには子どもたちがつながっているという共通した特徴が見られました。

幼児の提案では、二〇〇四年に、九〇年の提案（東京五歳）以来久々に幼児の読みとりの深まるようすを示した提案がありました。同じ絵本をくり返し読むと、子どもたちの発見がつながって、読みが深まっていく提案（東京四歳、〇四年）、読み終わった後のつぶやきや話を聴き、それ

表2　提案内容ごとの提案数の推移

年代	集会	提案内容						計
		読み聞かせ読みとり	絵本から展開する活動	劇あそび劇づくり	おはなしづくり	絵本リスト絵本の分析	その他	
74年～80年	13回～19回	4	1	2	4	3	4	18
81年～90年	20回～29回	8	4	11	7	1	1	32
91年～00年	30回～39回	9	3	20	4	0	0	36
01年～10年	40回～49回	3	4	33	0	0	0	40
11年～19年	50回～58回	3	12	36	0	0	0	51
計		27	24	102	15	4	5	177

ぞれの子どもの内面に迫りながらクラスづくりにいかした提案（兵庫四歳、〇四年）です。幼児では絵をじっくり見て、そこからの発見が仲間をつなげ、イメージを広げ、共有して読みが深まることが明らかになってきています。

クラスみんなで一冊の絵本の読み聞かせを楽しむとき、子どもたちは読み聞かせの進行にともなって、ハラハラドキドキしたりしんみりしたり笑ったりという心の動きを仲間と一緒に体験し、同じ場にいる仲間の表情や息づかい、思わず発する言葉によって、仲間も同じ気持ちであることを感じます。「共感しあう喜び」で子どもたちがつながるときです。

そこで分科会では、読み聞かせのとき、「手はお膝、お口にチャック」

とか「壁ペッタン」（壁に背中をつけてそこから動かない）などのように動かないで静かに聴くことを強制するのではなく、自由に心を動かしてその気持を素直に出せるようにしたいと考えてきています。立って絵を指さしに出てきたり、読んでいる最中の物語にかかわってのおしゃべりも、途中で立ち歩く子がいたとしても止まったり振り返ったりしているのなら聴いて楽しんでいるのだと考え、その子どもたちの楽しさを読み手もいっしょに楽しもうと考えてきています。

心を動かして絵本の読み聞かせを仲間と楽しむと、その体験はその後の子どもたちの生活のなかで育っていきます。会話の端々に絵本のなかの文章や会話が登場したり、あるいは自分たちのすぐそばに絵本の登場人物がいるかのような気になっているらしい話をはじめたりします。ひとりの子どもの言葉を聞きつけた他の子どもたちが、あの絵本のことだねとすぐにわかってイメージを共有し、つながり、一緒にイメージを広げていきます。最初は一部の子どもたちだけのこうした話題を、保育者がより広い子どもたちもわかるように意識的につなげていったり、話しあいの場を設けたり、動いて身体的に表現しあうと、さらに子どもたち全体に広がり、そこからごっこあそびになり、散歩途中のできごとが絵本の続きのように思えたりと大きく展開していきます。こうしてクラスのみんなが共有する絵本やおはなしがしだいにクラスにできてきます。このことを分科会では絵本や物語が「クラスの文化」になったと考えてきています。

2●近年、絵本から展開するあそびや活動の提案が増え、そのあそびや活動のタイプも多彩になっています。

分科会ではじめて劇づくり以外の絵本の読み聞かせ後の活動が提案されたのは、クラスで読んだ絵本で感じたことを話しあい、その後各自が文字ハンコで自分の思いを綴る実践（東京五歳、七五年）でした。それから〇一年までの提案は、紙芝居づくり（北海道五歳、八三年）、大好きな絵本の大型絵本づくり（京都〇歳、〇〇年）など製作活動へ展開する実践がありました。絵本の絵からはじまった身ぶり表現、それをごっこあそびへ広げ、父母と絵本の楽しさを共有したり（大阪二歳、八六年）、絵本のタクシーになれば走る気になるひとりの子どものようすから、クラスみんなが飛行機やヘリコプターになってあそんだり（兵庫二歳、〇〇年）と、絵本をごっこあそびへ展開させた実践がありました。

〇一年以降、この絵本から展開するあそびや活動の提案が増えています。クラス年齢ごとの提案数は、一歳が一、二歳が二、三歳が一、四歳が八、四・五歳が一、五歳が二、異年齢が一です。「ウソッコの世界との出入り」をめぐっての議論の発端になった、保育者の劇から園ぐるみでお城探しをするなど想像の世界をあそんだ実践（京都幼児、八六年）と、絵本のムシャムシャの森探しをして想像の世界を広げてあそんだ実践（津三歳、八七年）のふたつの実践は、子どもたちが物語の世界が自分たちの近くにあるような気がして、登場人物のような気分になり物語に登場するこわい動物の気配を感じてハラハラドキドキしながらあそぶというものでした。保育の場ではよくあるあそびだったのですが、これに対して、「ウソッコ（虚構）のムシャムシャの森を現実にあるかのようにおとなが仕向け、子どもにウソッコをホンキで信じさせている。ウソッコと現実とは区別させるべきだ」という強い批判があり、その後途絶えました。

あそび研究の進展によって「ホンキあそび」は現在「探検あそび」といわれるようになり、幼児期のあそびとして位置づけられるようになり、こうしたあそびの提案が文学分科会にも提案されはじめました。絵本のやまんばを探しに行き、怖いやまんばにみんなで立ち向かってあそんだ（広島二歳、九八年）、散歩でのできごとを保育者が意図的に絵本のイメージを思い出すようにしてあそんだ（京都二歳、〇五年）、散歩中の不思議なことに〇〇オバケなどと名前をつけてそのイメージが続くようにしてあそぶ（兵庫一歳、〇九年）、絵本のこびとの絵を保育者が配置し、さらにそれをそっと移動させ、「こびとが来たんだ」と子どもたちが考えるようになった（東京四歳、〇九年）、絵本のおにのこくんが保育園にくると期待する実践（京都四・五歳、一二年）、絵本のワニワニが天窓に姿を現す実践（栃木二歳、一三年）、もろっこまんから手紙がくる実践（仙台四歳、一四年）、いろいろな絵本の登場人物からつぎつぎと手紙が届く実践（北海道五歳、一八年）などです。

こうした実践から、おはなしの登場人物が実在するらしい「証拠」を前にしたとき、怖くなる二歳児と、怖いながらも冷静に鬼の扮装の腹の詰めものから「おにのこくんが来なかったのはまだお腹のなかにいて産まれていない、だから来年くるんだ」と考える五歳児との違いが示され、年齢による「ウソッコの世界の出入り」の違いも見えてきました。子どもたちの会話や言葉の端々から子どもたちが共通して考えている登場人物についての思いや期待をとらえてそれに応えるのか、子どもたちの期待や反応を十分にとらえないまま保育者が予定していた計画どおりに進めるのか、それによって子どもたちのようすに違いがあることも見えてきました。

最近になって、さらに多彩な新しいあそびや活動が提案されています。絵本と同じ宿題を出し、親が子どもと向きあう実践（京都四歳、〇八年）、絵本の池に憧れてみんなで小さな池を作り、この池にきてほしい虫の絵を描き、池に入れたカエルの絵本を読んで続きの話を作り紙芝居にした実践（東京四歳、一三年）、ぐりとぐらの人形を交替で家にもって帰り「おもてなし」をし、その内容を翌日みんなに話す実践（京都四歳、一四年）、同名の昔話絵本を集めて読み比べ、自分たち版「再話」をした実践（東京五歳、一五年）、絵本の登場人物の鬼ごっこや恐竜に夢中な子どもたちのマイ恐竜図鑑作り実践（栃木三歳、一七年）、仲間や友だちについての絵本を読んで現実の自分たちを見つめる実践（静岡四歳、一七年）、図鑑で虫の知識を追究し、絵本からイメージした虫の生態を反映した鬼ごっこをやり、さいごに一連の自分たちの研究成果を発表する実践（東京四歳、一八年）、絵本ごとに身体表現、ストーリーを一部変えてごっこあそび、絵画表現をするなど絵本から表現を楽しむ実践（福岡異年齢、一八年）、素話に魅せられて自分の創作話をする実践（熊本四歳、一九年）などです。それぞれ今までにない試みであり、「文学を媒介にした表現活動」の可能性が広がっています。

3 ◉ 劇あそび・劇づくりの提案が多くなり、多様な取り組みが交流されています。

劇づくりの実践をはじめて映像をつかって提案したのは、愛媛の五歳児の実践（八三年）でした。その後ビデオカメラの普及によって映像での提案は多くなりましたが、映像を見ることで、分科会の討議が音楽やナレーション、子どもの動きに偏りがちになったこともありました。

現在は、「同じものがたりであっても、何を子どもに伝えるかには違いがあり、当然子どもが劇で表現する内容も異なるわけです。（中略）つまり、この分科会では、劇をそれだけで取り出して論評するのではなく、どんな子ども集団に、どんな体験を組織しようとして、どのように劇活動に取り組んだのかという、集団づくりの観点をもった保育計画が、どう実践されていったかという、少なくとも四月以降の実践の流れの上に立った実践の検討を行うことを大切にしています」（西川由紀子、第四四回全国集会分科会案内、〇五年）ということを基本にしています。

〇一年から一〇年までをまとめた第五〇回全国集会（一一年）分科会案内で、西川さんは、「どの実践においても、そのクラスの集団の特徴が描かれています。じっくり絵本を楽しむことのできない気になる子が多数いるクラスでの実践も、かなり多く報告されています。また、障害のある子どもをどう劇のなかで位置づけるかも、苦心されています。そのなかで、大切にされていることは、劇をつくっていくなかで、子どもたちの集団がどう変化していくかというところです。そこで劇をつくるなかで子どもの思い、考えを出しあい、共有する様子が、ていねいに報告されています」と近年の特徴をまとめています。

こうした積み重ねを経て、現在、「絵本を、劇づくりで体験することにより、深く理解した子どもたちは、他クラスの子どもと共にあそび、集団を広げたり、絵本づくりなど他の表現活動に発展させたり、文学のテーマを生活のなかに実現させたりしています。劇づくりは文学の認識を深め、集団の質を変え、実生活の変化をもたらすことが明らかになっています」（山﨑由紀子、第五四回全国集会分科会案内、一五年）といえるようになってきています。

〇一年以降のクラス年齢ごとの提案数は、一歳が一、二歳が四、三歳が一二、四歳が一一、五歳が三九、三・四・五歳が二、です。この間、さまざまな劇あそび・劇づくりが提案され、子どもたちが感動する題材選び、作品の持つ深いテーマを子どもの身の丈でとらえていく工夫、演じる役の気持ちに迫りそれを子どもが表現できるための工夫などが、交流されています。

まずごっこあそびを楽しむことに加え、絵本の場面と似たところに出かけ、そこでの体験からさらにイメージを確かにする（兵庫五歳・〇二年、京都四歳・〇七年、愛媛四歳・〇八年、大阪四歳・〇八年、愛媛五歳・一一年など）、物語の国の風土を知るために楽器演奏を目の前で体験する（山形五歳・〇五年、北海道五歳・一三年）、地蔵を見に行き何をしても動かないことを体験する（兵庫三歳・〇三年）、たくさんのカエルに名前をつけたらキャラクターが明確になった（兵庫三歳・一四年）、食べものを実際に作って食べる（京都四歳・〇七年、大阪四歳・〇七年）など、もとになる絵本・物語の内容にあわせて、あるいはそのとき子どもたちがぶつかっている困難を見きわめて、それらを解決するためにさまざまな方法を生み出しています。

大阪から毎年劇づくりの提案があり、絵本・物語のテーマに迫りそれを劇で表現するとき、身ぶりで表現をする大切さを明らかにしています。前運営委員の田川浩三さんは、「発見や感動を、言葉で表現することによって、より認識が確かになり、それによってより豊かな表現がうまれます。絵本の内容に心を動かされた幼児は、誰言うとなく絵本のごっこあそびがはじまり、身ぶり表現することによっても認識が深まります。認識⇔表現と一環することになります」（第三二回全国集会分科会案内、九三年）と述べています。山﨑さんは、「文学をからだで表現し認識を深め、台詞をもう一度考えることで理解しなおすことができます」（第五三回全国集会分科会報告、一四年）、「言葉にできない感情を身ぶり表現し認識が深まるのではないか」（第五四回全国集会分科会案内、一五年）と述べています。提案では、子どもたちの言葉の記録から、身ぶりの表現をしあいながら登場人物の感情や行為に気がつき、認識が深まるようすが示されています。

これまで、子どもと話しあいながら劇のセリフを考え、演じ方の工夫をして劇をつくっていくという劇づくりの進め方がほとんどでしたが、熊本から、子どもたちが楽しんできた絵本をもとに保育者が脚本をつくり、それを子どもに手渡してつくる劇の取り組みが続けて提案されました（五歳・一一年、三・四・五歳・一五年、五歳・一六年、五歳・一七年、五歳・一八年）。子どもたちは脚本のセリフをおとなから口移しで教わり、おとなと状況を語りあいながらセリフの意味を考え、くり返し、動き、やがて登場人物の思いにハッと気がつき、演じます。

絵本や物語ではなく、実際に体験した生きものとのかかわりを話にまとめ表現し、さらにその生きものを身ぶりで表現する提案（東京五歳、一七年）がありました。おもに絵本から展開される活動のため先の表2の分類ではBに入れた実践のなかにも、絵本の続きを子どもたちがつくり紙芝居にしたものを劇にした（東京四歳、一三年）、自分たちの調べてわかったことを親に教えたいとシナリオを考え演じた（東京四歳、一八年）など、日々の活動の成果を劇にして発表する新しい実践が生まれています。

こうしたさまざまなタイプの劇づくりの提案がある背景には、「生活発表会」などの行事の位置づけが園ごとに違うこと、同じ園であってもクラスの子どもたちの状況は年度によって違うこと、さらに子どもたちが各園で体験している劇——過去の発表会の劇あそびや劇、保育者による劇、保護者の劇、プロ集団の劇など——が違うことなどがあると思われます。

分科会では、目的や考え方の違いを知ったうえで、それぞれから学ぶ必要があると考えてきました。劇あそびや劇づくりに取り組むときのねらいは何か、どのようにして題材を選んだのか、取り組みの過程はどうなっているのか、登場人物の役をより深く表現するためにどんな方法をとるのか、観客の前で演じるときどんな配慮をしているのか、衣装や小道具をどう考えるのか、音楽をどのように使うのかなど、どれがよい、どれが悪いのではなく、そういうやり方をしようとするねらいや考え方を学びながら、自分が劇あそび、劇づくりをするときの考え方や方法、手だてを広げていくことを大切にしています。

4 「おはなしづくり」は、紙芝居づくりなど、他の表現活動と結びついています。

以前は、おはなしづくりの提案から、生活をどのように見直せたのかと議論しました。最近は、他の表現活動と結びついて提案されています。自分たちのしたい探検の続き話で、絵本の主人公を登場させ、素話で聞いた怖い話を加え、生活体験を取り入れてつくり、紙芝居にした（埼玉五歳、〇〇年）、絵本の子カエルがおとなになった続編の話をつくり紙芝居にする（東京四歳、一三年）などです。

5 「ウソッコの世界の出入り」について

九一年の全国保問研・夏季セミナーで、「ウソッコの世界の出入り」の新たな視点による検討が示唆されましたが、その後の分科会ではこれを取りあげて議論をしてきませんでした。

第四七回全国集会分科会案内（〇八年）で、徳永満理さんは、「文学のなかのフィクションというのは、作り話であっても現実生活とはまったく無関係ではなく、現実そのものでもないことの了解で成立するものです。文学のジャンルの一つであるファンタジーは、現実世界からまったく乖離した夢物語ではないことはよく知られていることです。だからこそ、この現実から遠いように思えるファンタジーの作品世界に触れて、豊かな想像力を働かせるためには、現実の体験が必要になることを明らかにしてきました。そうして、作品世界に入り込むことによって、自分自身の直接経験ではないけれど、あたかも自分が経験したかのような感覚をもつこととなることを、『うそっこの世界の出入り』として実践研究を重ねてきています」と、提案の子どもたちのようすから「ウソッコの世界の出入り」の実態を考えようとしてきたことを述べています。さまざまな虚構を楽しむ実践から、乳幼児の限られた現実認識では、おとなとは違った虚構と現実の出入りの局面があることが見えてきています。

例えば、午睡前にシーツをかぶったへんなおばけの絵本を見終わった途端、自分の掛け布団をかぶって「オバケだぞー」をはじめる（京都一・二歳、一五年）のように、絵本と同じようにやってみることはよく見られます。

散歩先の稲刈りの終わった田んぼを見て、「あっ、わらの家や」「あっちのはオオカミがこわしたんだ」と口々に言う（香川二歳、九九年）ように、現実の何かを見て絵本を思い出すこともあります。

オオカミごっこで、子ヤギの家と外の仕切りが数センチの高さのブロックでしかないのに、その境界線を踏み越えないで、オオカミとやりとりする（兵庫二歳、一六年）というように、虚構をはっきり意識して現実の自分の動きをコントロールしていることもあれば、現実には自分より弱い子とみなしている子がオオカミ役で、自分は子ヤギ役で食べられる役になっていて、まさに食べられるというときに、怒って食べられるのを拒否。保育者に食べられるのは平気なのに（京都二・三歳、八八年）というように、虚構の力関係と現実の力関係を区別しきれないこともあります。

むしゃくしゃしてケンカばかりしている家族の絵本を読んだら、いつもすぐケンカをしてしまうKちゃんが、「りんごさん（自分のクラス）みたいやな。だってケンカばっかりするもん。すごく楽しくないようやん。Kみたいやな」と言い、その後友だちがけんかをしているときに、「むしゃくしゃくしゃくんを追い出し！　なかよしがいいで」と言っていた（兵庫四歳、〇四年）というように、虚構の絵本を通して現実の自分を見つめることもあります。

かつてのホンキあそび、現在の探検あそびでは、そのときは虚構の登場人物〇〇が実在していると信じているけれども、その場を離れてみると「どうして、この場所に〇〇がいるのだろう」といった疑問がわくこともあります。クラス中が知恵を出しあって考え、さらにイメージを広げて疑問を解決するストーリーをつくったり、調べて納得したり、さらに別の疑問がわくということがあります。クラスのみんながイメージを共有し、この話題でつながっています。絵本から展開する活動のひとつとして、子どもたちの考えていることをていねいにとらえ、「ウソッコの世界の出入り」のさまざまな事実を取り出し、出入りの仕方や特徴を検討していく課題があります。

6 ◉ 全国集会分科会の運営で大切にしてきたこと

全国集会の分科会は、全国の保育者が「未来の主権者としての子どもを育てる」という共通した思いで積みあげてきた実践を学び、議論できる貴重な場です。自分の保育園・幼稚園や自分の所属する保育問題研究会ではごく当たり前のことが、分科会の場では当たり前ではないらしい、逆にまったく考えもしなかったことを大切にしている実践に衝撃を受けるなど、視野を広げ、自分の保育を見直す機会でもあります。近年は、他の分科会に提案されていたかもしれない文学分科会としてはまったく新しい実践も提案され、文学実践の可能性がさらに広がってきています。

「認識と表現―文学」分科会は、全員で全提案を聞いて討議することにこだわり、できるだけ分散会をもたずに分科会を運営してきました。文学の実践は園の行事ともかかわることから、それぞれの「園の文化」が強く反映されます。それだけに「園の文化」を抜きにして議論できないこともあり、それが多彩なだけにすべてから学ぶ必要があると考えているからです。

そこで、提案では、各園の状況やその年度の子どもたちの課題、子どもたちの興味を保育者がどのようにとらえ、そのためにどのようなことを重視してその文学の取り組みをしたのか、その考え方やその取り組みでの子どもたちの様子から「その実践を進めた考え方」について、時間をたっぷりとり丁寧に語ってもらい映像も見るようにしています。討議で大切にしてきたのは、「このように考えたから、これをやってみた」という園の文化を背景にした提案者の考え方を学ぶということです。

3. 第三回全国保問研・夏季セミナー（二〇一六）「今、子どもたちの文学を考える　絵本・あそび・劇づくり」で示したこと

この夏季セミナーは、これまで分科会で検討してきた「表現活動を通して、文学のより深い感動を共有する実践」の現在を示し、多様な表現活動の可能性と課題を明らかにしようと二部構成で企画しました。

ひとつは「絵本の時間を楽しむ」です。

表現活動の入口は、絵本を楽しむことです。クラスの子どもたちに保育者が絵本を読むことを、

以前は「鑑賞」や「理解」というニュアンスでとらえていました。絵本も多彩になり、故長新太さんが「ナンセンス絵本」と称した、読んでいるそのときが楽しい絵本のように、理解だけではとらえきれない絵本が多数出版されるようになったこともあり、現在は、絵本を「みんなで楽しむ」ようすをとらえた実践が出されてきています。一・二歳児クラスの実践から「絵本を楽しんで読む」意味をとりあげました。楽しんだ絵本は、その後、子どもたちのイメージの広がりしだいで、あそびや新たな活動へと展開していきますが、絵本からはじまって展開する活動の可能性をとりあげました。三歳児クラスの探検あそび実践、四歳児クラスの池づくり・おはなしづくり・紙芝居づくり実践の報告から、それぞれの表現活動の意味を考えました。

もうひとつは、「絵本から展開する劇づくり」です。

子どもたちがそれまでの園生活のなかで劇、演劇、音楽劇などの体験をどのようにしてきたのか、子どもたちが自分たちの演じる劇のイメージをどんなものとして考えているのか、それぞれの園で大きく異なります。それだけに、それぞれの劇づくりにはいろいろな取り組み方があります。取り組み方がまったく違うこともあり、毎回の分科会の提案や議論のままでは、自分が劇づくりをするときの手がかりを見つけるのが難しいという状態が生まれていました。そこで夏季セミナーは四つの特徴ある劇づくりの実践から論議を進めることにしました。その際、それぞれの特徴による実践を理解しやすくするために、①保育者は何をねらい、題材をどうやって選ぶのか、②場面の選び方、セリフの決め方、配役の決め方など、子どもたちとその題材をどのように深めていくのか、③どのくらいの時間をかけて取り組むのか、この三点の枠組みで整理していただくようにしました。

夏季セミナーの内容は、『季刊保育問題研究』二八二号（二〇一六年一二月）にまとめられています。この感想のなかに、「絵本を読むだけではなく、いろいろな広がりができるということがわかり、文学の力をあらためて感じた」、「それぞれの子どもの様子、言葉を丁寧にくみ取り保育に返していくことの大切さを学んだ」（以上「絵本を楽しむ」）、「子ども集団をどのようにとらえ、育てたい姿があってこその劇づくりだと思った」、「さまざまな方法があると思った」、「取り組んだことはないがやってみようと思った」（以上「劇づくり」）がありました。「子どもの自主性などについて、自由に意見が出せて答えのない問題について考える場として、素敵な会だと感じた」という感想もあり、内容のうえでの成果とともに、これまで分科会で大切にしてきた学び方が伝わったのも大きな成果でした。

コラム

Ⅰ－① 保育のなかでの絵本の楽しさ

西川由紀子（京都保問研）

保育園での絵本の楽しみ方と、家庭での楽しみ方は異なります。保育園での楽しみは、友だちと絵本を共有するところにあります。絵本を読んでいる場面を思い浮かべると、佐野実践（本書四八頁参照）のようにみんなで楽しんでいる姿が思い浮かぶ一方、前列の子が立ち上がることで、後列の子が「見えない」と苦情を言っている場面も思い出されます。いつも同じ子が前列にいたり、後列にいたりしがちなことが気になる保育者もいるようです。

●絵本を楽しむにはどの位置がいいのか？

子どもが絵本を集団で楽しむようすを検討した大元・青柳（二〇一二）は、五歳児二四人に対して読み聞かせを行い、どの位置の子どもがどんな反応を示したかを分析しています。その結果、最前列の子どもが集中して楽しんでいたことに加えて、右手後方の三人の子どもも、その前方の子どもたちはよそ見や、絵本と関係ない話をしていたにもかかわらず、集中していたことを指摘しています。集中する要因は、絵本の見えやすさだけではないことがわかります。

奥井（二〇一八）は、三歳児一五人を対象にして読み聞かせを行い、一列目から二列目よりも、三列目から五列目の方が、友だちと絵本の内容について話す反応が多かったことから、読み手との距離があることが、友だちとやりとりしやすい環境になっている可能性を指摘しています。大好きな先生のすぐそばで、先生に発見を伝えたり、指さしをしながら聞くのも楽しみですが、後方で、友だち同士で笑いあい、発見を伝えあうのも、集団ならではの楽しさだということです。

わたしが四歳児一九人の絵本の読み聞かせ場面を観察した折にも、一列目の子どもたちは集中して聞いて楽しんでいるのに対して、二列目、三列目の子どもがよく発言しており、ひとりの発言に誘われるように前後左右の子どもが発言する傾向が見られました。こうした絵本への反応を見ていくと、絵本の時間がはじまる前に、どこに座るかでもめている子どもの気持ちがわかるような気がします。仲間と楽しむ絵本だからこそ、誰の隣で楽しむかがだいじなのではと思うのです。子どもたちみんなが自分の思い通りの場所をとることは不可能ですが、前に座りたいとか、誰の隣に行きたいとか、その日のその子の思いが仲間と楽しむ絵本の時間だからこそあるのだと思います。

●みんなといっしょだから楽しい絵本

五歳児クラスでの『さつまのおいも』（童心社）の読み聞かせの記録があります。読み聞かせがはじまる前に絵本を見つけて、「あ、それおもしろいやつや！」と期待を言葉にしています。さつまいもがごはんを食べたり、歯を磨いたり、トレーニングする場面では、「なんでやねん」「そんなことするわけないわ」「するわけないやんなぁ」「ぜったいしいいんわ」と、ナンセンスを否定して楽しんでいます（寺村、二〇一八）。仲間といっしょにものがたりの世界を楽しんで、そのおかしさを笑って伝えあい、言葉にして味わっています。

『からすのパンやさん』（偕成社）や『ぷくちゃんのすてきなぱんつ』（アリス館）のような、一面にパンやパンツが並んでいる場面では、競いあって「〇〇ちゃん、これする」「〇〇はこっちがいい」と自己主張をしあって楽しみます。『きんぎょがにげた』（福音館書店）のような発見型の絵本では、「ここ、ここ」と、互いに先を競って絵本に参加します。はじめてのおばけ絵本などでは息を飲むようにものがたりを追って、途中隣同士で肩を寄せあいドキドキを乗り越える場面もあります。よく知っている絵本も、はじめての絵本も、いっしょに生活している仲間と先生がいっしょだから、安心して絵本の時間を楽しんでいるのだと思います。

〈引用文献〉

・大元千種・青柳絵里香（二〇一二）絵本に対する幼児の関心に及ぼす読み聞かせのグループサイズの影響　筑紫女学園大学・筑紫女学園大学短期大学部紀要七、一六七―一七八

・奥井香奈（二〇一八）三歳児の集団場面における絵本の読み聞かせ―座席の位置と絵本のサイズが及ぼす影響―　京都華頂大学現代家政学部卒業論文

・寺村　唯（二〇一八）五歳児クラスにおける絵本の読み聞かせ―みんなで聞くからおもしろい―　京都華頂大学現代家政学部卒業論文

コラム

Ⅰ－②　メディアの普及による文学と子どもの変化

小川絢子（愛知保問研）

＊メディアの普及が文学、子ども与える影響

本書冒頭においても、現代の子どもたちは、生まれた時からスマートフォンやタブレット端末などのメディアを通して、動画やゲームに接する機会が多いことが指摘されました。ここでは、絵本を通した活動のように、これまで長く親しまれてきた子どもたちの文学と、デジタル化された絵本や映像作品の視聴との違いが、どのように保育や子どもに影響を及ぼすのかもう一歩踏み込んで考えてみたいと思います。

＊デジタル絵本（電子絵本）の普及とその内容

皆さんは「デジタル絵本」というものをご存知でしょうか。デジタル絵本とは、スマートフォン（略称・スマホ）やタブレットなどの電子端末等で読むことができるデジタル化され

た絵本の総称です。端末の画面上で、本物の絵本のように指でめくることができる物、音声が出て読み上げる機能のある物、実際に画面を触ったり、傾けたりすると、絵が動いたり音が出たりするような双方向性のある物などが出版されています。最近では、保護者や子どもの声を録音しておき再生できる物もあり、機能は多様化しています。スマホでのゲームや動画視聴と、絵本を通した活動との違いは誰の目から見ても明らかである一方、こうしたデジタル絵本と絵本との相違点や子どもへの影響は未だ明らかになっていないことが多くあります。

＊子どもたちは何を楽しんでいるのか

ここでは、絵本とデジタル絵本との違いを「子どもが何を感じ、何を楽しんでいるのか」という視点で考えてみたいと思います。藤後ら（二〇一二）は、三〜五歳児を対象に、さとうわきこ作『おつかい』（福音館書店）をおとなが読み聞かせたときと、同じ作品のビデオ絵本を視聴させた時の、子どもの絵本の内容の理解度を調べています。その際、各場面の記憶をたずねる質問に対しては、ビデオ絵本を視聴した子どもの正答率が高くなる傾向が示されました。

一方、物語の全体的な理解を尋ねる質問に対しては、絵本を読み聞かせたグループのほうが正答率が高いという結果になりました。

藤後らは、ビデオ絵本においては映像の印象が強いため、視覚的な情報は記憶に残りやすいが、物語の内容を理解するには、絵本の読み聞かせのほうが適していると結論づけています。

佐藤・佐藤（二〇一二）では、デジタル絵本の映像は子どもを引きつけやすく、実際に触って絵が動く機能を組み込んだデジタル絵本の場合、同じ絵を紙の絵本にしたものと比較して、四、五歳児と保護者とのやりとりの時間や発話数が増え、子どもが主導で読み進めるという結果が出ています。しかし、実際の会話は絵本の内容に関するものより、触って絵が動くなどの機能に関連したものも多く、絵本の物語理解に関するやりとりになっていない可能性についても考察しています。

以上のことから、絵本とデジタル絵本は、単なる媒体の違いを越えて、子どもの物語理解の仕方や、人との楽しみ方が異なるという可能性を指摘したいと思います。すなわち、「同じ作品が紙面からデジタルに変わっただけ」という考え方は、子どもには通用しないと言えるでしょう。

＊保育のなかの絵本がデジタル化されると…？

これまで当たり前のように保育で親しまれてきた絵本が、デジタル絵本として電子画面や端末で取り扱われるようになると、どのようなことが起こるのでしょうか。絵本のデジタル化に関して、保育者の意見が多様であることが示されてきていますが（藤重・林、二〇一七）、ここでは文学分科会で大切にされてきたことから、以下にまとめておきます。

文学分科会では、クラスの子どもたちが絵本を通した活動のなかで、自分が感じたことを言葉にしたり、身ぶり表現として見せあったりすることを一貫して大切にしてきました。絵本を読んでいるときに、子どもたちが感想や疑問を口にしたり、おとなも一緒になってやりとりするためには、子どもとのあうんの呼吸でページを読み進めるスピードを変えたり、やりとりのための間が必要です。また、その日によって、読み手が変わったりすることも絵本の醍醐味ですが、デジタル絵本の場合、そうした偶然性のある楽しさや柔軟さが減ってしまうことは考えられないでしょうか。

さらに、保育においては、子どもが自ら絵本を手に取って自分でページを開いて楽しみます。子どもたちは、限られてはいるけれども複数ある絵本から、自分のお気に入りを選んだり、一冊の絵本を友だちとひたいを寄せあって読んだり、ときには好きな絵本だからこそ取りあったり、貸し借りしたりしてきたのです。子ども同士の絵本を通したやりとりが、ごっこあそびや身ぶり表現に発展していくことは多くあるでしょう。こうした経験は、実際に手に取ることができる絵本の存在があるからこそ生じるものであって、究極に言えば、端末から無数にある絵本を個々人が選び、利用できるようになると、絵本を通した子どものやりとりが少なくなってしまう危険性はないでしょうか。

絵本の物語を子どもが他者と共有しようとするからこそ認識が深まっていくプロセスや、身ぶり表現やあそびへの発展などは、デジタル絵本においてもはたして保障されるのでしょうか。実証的な検討が待たれるところです。このような疑問を明らかにするための検討は、同時に、保育のなかにおけるメディアの取扱いと、絵本や文学に対するおとなの価値観を問うことにもなりそうです。

引用文献

・藤後悦子・磯友輝子・坪井寿子・坂元昂（二〇一一）絵本の読み聞かせとビデオ絵本の視聴による物

語理解度の違い、「幼児・児童における未来型能力育成システムならびに指導者教育システムの開発」第三章、第二節、東京未来大学、
・佐藤朝美・佐藤桃子（二〇一八）紙絵本とデジタル絵本による読み聞かせの比較、日本教育工学会第28回大会
・藤重育子・林韓燮（二〇一七）絵本に対する意識から見られたデジタル絵本実践への展望：保育者へのアンケート調査結果から、高田短期大学育児文化研究　第12巻五七―六四頁

II

絵本を楽しむ・
絵本からさまざまな活動へ

[実践と解説]

❶…みんなで楽しい！　おはなしの時間（一、二歳児）

佐野賢二郎（京都保問研）

はじめに

風の子保育園は、京都府京都市左京区に位置しています。産休明けから就学前までの、定員九〇名の保育園です。保育園から少し足を伸ばすと鴨川や、節分祭で有名な吉田神社があります。一、二歳児混合クラス（一歳の高月齢と二歳の低月齢）では、言語・認識面の幼さがあったり、落ち着いてあそびこめないなど、個別配慮がいる子が数名いました。そうした子どもたちと一緒にさまざまなおはなしを楽しみ、二歳児クラスへ進級してから、さらにおはなしを通じてあそびと生活が豊かになっていった二年間の実践です。

保育園で保育者が子どもたちに絵本や紙芝居など、おはなしを読む回数は限られています。だからこそ、その一回一回を大切に子どもたちとおはなしの楽しさを共有したい、新しい絵本などとの出会いが生活を、あそびを、より豊かにしてくれるはずと思い、おはなしの時間を大切にしてきました。子どもたちが楽しめる読み方はどんな読み方なのか？　読み手と子どもたちとの「間」や呼吸などを工夫しながら、おはなしの時間がどの子にとっても楽しい時間になるようにと考えてきました。たくさんある絵本や紙芝居のなかからどれにしようか…と保育者が絵本棚の前で腕を組み考えていると、そのうしろで同じように腕組みをして待っている子どもたちの姿がありました。

その時々の集団の様子にあわせながらどのおはなしにしようかと考えたり、子どもからのリクエストに応えながらおはなしを選んでいます。

子どもたちが楽しめるいろいろな読み方

絵本を選び、このおはなしをどんな風に読んだら子どもたちを引きこめるか、ということを考えます。声の抑揚を基本に、絵本の内容や話の筋は変えないけれど、子どもたちが楽しめるような語尾や言い回しを変えたり、アドリブで言葉を付け足す、ときには話し言葉である関西弁で読んだり、と工夫しています。

たとえば、『きれいなはこ』（福音館書店）箱を引っ張りあう場面。

絵本「わたしが先よ～僕が先だよ～」→実際の読み方「ちょっと私が先に見つけたんだからワンちゃん離してよ！　何言ってんだよ！　僕が先に見つけたんだからねこちゃんこそ離してよ！　ちがうわよ！　私が先！…ケンカです。」

『きれいなはこ』は一、二歳児混合クラスのときによく読んでいました。クラス内でも玩具、場所の取りあいから、かんだりひっかいたりのケンカが多い時期でした。日常的な友だちとのやりとりを絵本のなかで保育者がすることによって身近に感じながら見ることができるのではないかと思っていました。子どもたちは「ギーってしたはるなぁ」「ガブしたらねこちゃん痛いなぁ」「あかんな〜」といろいろ言っています。生活のなかで経験したことを友だちと一緒にいろいろと言いあう時間が楽しく、その絵本をまた見たい！ と思うようになっていくのだと思います。

絵本の読み方に正解はないと思います。絵本の作者の作品に対する思いを大切にしたいと考え、絵本のストーリー自体を変えているわけではありません。そのうえで、その時期の子どもたちにとってストンとくる読み方はこれだ！ と思いながら読んでいます。

三びきのやぎのがらがらどん

保育園には絵本（福音館書店版）、組木（でこぼこ工房製）、エプロンシアター、といろいろありますが、どれもみんな大好きです。とくに子どもたちも保育者も楽しめるのが、組木のがらがらどん。クラス内でもみんながおはなしを楽しめる土台になりました。絶妙なヤギとトロルの大きさとともに、木製なので音が出るのも組木ならではの特性です。進める保育者は組木を通して子どもたちの表情や反応が見やすく、手応えが感じられます。「かたことかたこと…」と小ヤギが

橋を渡るときにはドキドキした様子。トロルの「誰だ〜！　俺の橋をかたことさせるのは⁉」を保育者と一緒に言う子もいます。

保「ええ〜ぼくはこんなに小さいんです、もう少ししたら…だから食べないで。う〜ん…そうか〜そんならおまえはとっとと〜」

それに対して

子「行ってしまえ〜！」

保「良かったメェ〜」

と、子どもたちとのかけあいを楽しんでいます。大ヤギがトロルと対峙したときには…

保「こっちにゃ二本の〜」

子「やりがある〜！」

保「二つの大きな〜」

子「石もある〜！」

保「このつのでおまえの目玉は〜」

子「でんがくざし〜！」

保「肉も骨もこっぱみじんに踏み砕くぞ〜！」と、盛りあがります。

演じる保育者は子どもたちのキラキラした表情が見えてたまらなく楽しいのです。子どもたちはヤギやトロルが登場するたびに〝まってました〜！〟と言わんばかりに拍手をしながら「きゃ〜！」と声をあげ楽しそうな様子。保育者とのかけあいのなかで自分もおはなしに参加できるのも組木のがらがらどんの楽しさなのだと思います。

3びきやぎの　がらがらどん
いちばん ちいさい がらがらどん
にばんめの がらがらどん
いちばん おおきい がらがら どん
さんびき そろって おやまに おいしい くさを たべに いく
でも とちゅうの たにには こわい
とろるが すんでいる
どしよ

風の子保育園伝承

組木は二歳児クラスに進級してからもお楽しみのひとつになっていましたが、演じ方を変えると新しい楽しみが出てきました。やぎは「メ〜」トロルは「ウォ〜！」しか言わない進行もおもしろい。ずっと楽しんできたから子どもたちはストーリーをよく知っています。「メ〜！　ウォ〜！」のやりとりを見ながら〝きっと今は〜って言っている〟と頭のなかでストーリーを巡らせながら楽しむ姿がありました。また、園庭に出ると大型遊具の吊り橋を「がたん！　ごとん！」と渡りはじめ、保育者に目線を向けます。そうした姿に保育者は〝しめしめ…〟。トロルになって「誰だ〜…！」。こんな風に保育が展開していくことも楽しみになっています。

おはなしの楽しみ方はひとつではない

保育者が絵本を読むときに子どもたちみんなが座っているとは限りません。読みはじめる前には「お座りやす〜」「座って見てね〜」と声をかけますが、途中で立ったりウロウロする子がいます。クラスで大事にしてきたのは座って絵本を見られることではなく、部屋の隅にいても、室内にある遊具に登っていても、その子の目線と思いが絵本に向いているかどうかを、保育者が把握しておくということです。座っている子が見えなくなる、全体の集中が途切れそうなときには声をかけますが、そうでない限り、絵本を読んでいない保育者が声をかけながら傍についたり、見守ってきました。つられて動く子もいますが、絵本の時間が楽しいもの、と期待できたり、その時間を友だちと一緒にすごしたいと思えるようになれば、きっと帰ってくるだろうし、子どもたちがそうした見通しを持てるような読み聞かせをと心がけてきました。

二歳児クラスに進級後、みんなが座って見ているなか、前に出てきて自分の思いを保育者に伝えにくるAちゃんに、周りから「Aちゃん見えへん！」という声が出てきました。保育者は「Aちゃん〜やな〜、でもみんなが見えへんし座って見てな〜」と声をかけていました。

そうしたやりとりのなかで、自分の前に出ていきたい気持ちをもちつつ、友だちの気持ちに気づき、みんなで見ることが楽しいという見通しをもてるようになり、自分の椅子に座って楽しく見られるようになっていったのだと思います。

読んであそんで、また「読んで！」

二歳児クラス後半に人気が出てあそびの中心になったのが、絵本『くろずみ小太郎旅日記』シリーズ（クレヨンハウス）。絵本の言葉遣いや言い回しは難しいのです。忍者、忍術、修行…そうした言葉の意味を子どもは絵本の内容やあそびのなかから理解していったように思います。忍術を使って大蛇に立ち向かう忍者ってなんだかかっこいい。じゃあやってみよう！　身体を丸めて石の術、壁にくっつき壁の術、片足立ちで木の術。園庭でのゴム跳び、ポックリ、両足ジャンプも「しゅぎょう！」。あそびがなんでも修行になりました。いろいろな術をあそび、おはようでは一人ずつ得意な術を友だちに披露をするようになりました。

そうしたあそびを楽しむなかで、子どもたちからは「おろち読んで！」「じょろうぐもがいい！」「たがめばばあ！」と連日のリクエストが出るようになりました。

絵本を読み込むことで子どもたちがいろいろな事に気づきはじめました。小太郎が敵役を打ち負かした後に小さく敵が退散している描写に気づき、その場面が待ち遠しくなり、読んであそんでまた読んでの毎日となりました。

「みんなで見たい！」

お昼寝前に『くろずみ小太郎旅日記その三　妖鬼アメフラシ姫の巻』（クレヨンハウス）を読み、おはなしが終わりになるとSくんが「たがめばばあがよかったー！」と地団駄を踏みはじめました。

保「Sくんたがめばばあが見たかったんかぁ」

S「たがめばばあ見たいーたがめばばあー！」と、Sくんが泣くなか、他の子どもたちはトイレに向かい、お布団に入っていきます。

S「今たがめばばあ読んでほしい！」

お昼寝に気持ちが向かっている子どもたちを、もう一度集めることは難しいと思い、

保「Sくん、そうしたら、お昼寝して、おやつの前に読むのはどうや？」

S「いや！　今がいい！　今たがめばばあ読んほしい！」

保「よしわかった、じゃあ今読んであげるわ」午睡をもう一人の

保育者にお願いして一対一で絵本を読もうとすると、

S「みんなで見たいー！」

結局Sくんはその後大泣きしながら布団に入るまでに一時間弱。少し気持ちが落ち着いたときに、保育者が「Sくん、みんなでたがめばばあ見たかったんやんな、お昼寝から起きたらみんなで見ような」と声をかけると「うん」とうなづいて入眠。おやつ前にみんなで『くろずみ小太郎旅日記　その五　吸血たがめ婆の恐怖の巻』を楽しんだのでした。

Sくんの姿から、一人より、みんなで見た方がおもしろい！　という気持ちが育っていることを感じるとともに、保育者が大切にしていることと、子どもたちの気持ちがピタッと合致している部分があることが嬉しくなりました。

「ま〜だまだ！」

紙芝居『たべられたやまんば』（童心社）も人気のおはなしになりました。

おばあさんがやまんばになって糸車を回している場面が近づくと、ドキドキしながら息をのんで待つ子どもたち。隣の友だちと手をつないだり、自分の手で目を覆い指の隙間から目線を送る姿もあり、見ている子どもは小僧の気持ちです。追いかけてくるやまんばから逃げるときは「はやくはやく！」お寺に着いてから切羽詰まった小僧と、のんびりした和尚さんとのやりとりに隣の友だちと顔を見あわせて大笑い。何とか逃げおおせ、和尚さんが豆に化けたやまんばを食べて「はい、ごちそうさま」。最後の場面にホッとして、あ〜よかった〜という姿がありました。

ある日のトイレで…。トイレでお喋りをしてなかなか帰ってこないFちゃんとHちゃん。保育者が「おしっこでた～?」と聞くと、F「ま～だまだ！」これはおもしろいとHちゃんも「ま～だまだ！」その声を聞いてSくんが「でたかこんぞ～！」F、H「ま～だまだ！」。

このやりとりがクラス全体でも楽しくなり紙芝居でも人気の場面になりました。紙芝居を読むと

保「でたか～こんぞ～！」
子「ま～だまだ！」
保「ん～…でたか～こんぞ～！」
子「ま～だまだ！」

というかけあいになりました。

子どもは保育者との間あいをはかりながら「ま～だまだ！」を言うのが楽しい様子。そうした生活もあり、『たべられたやまんば』は子どもたちが何度も見たくなる人気のおはなしになっていきました。

実践を振り返って

絵本や紙芝居は、保育者と一対一で見る楽しさもあると思います。でも保育園だからこそ、集団で見ることでのおもしろさや楽しさがあると思います。毎日一緒に暮らす友だちや保育者との関係のなかで、友だちと一緒にあれこれ言いあいながらクラスとしての好きな場面ができます。

そして、その場面を〝くるぞ、くるぞ…〟と期待しながら待ち、友だちと一緒に〝まってました～！〟といった高揚感を得られることは、保育園でのおはなしの時間の醍醐味のように思います。好きなおはなしが当たり前にあることでさまざまなあそびに展開したり、日々の暮らしがより豊かになります。そのように心が揺さぶられ満たされる暮らしがあることで、またそのおはなしが見たくなる。そうした相互作用を生み出し、友だちと一緒に見ることがより楽しくなっていく日々の営みがクラス集団としての文化になっていくように感じています。

二年間の実践をまとめることで、どの年齢でもその時々のクラス集団の様子や、子どもたち一人ひとりの発達や思いに心を寄せ、子どもたちと保育者とが一緒におはなしの時間を楽しみ、クラスとしての文化を紡いでいけるような保育を大切にしたいと感じることができました。

実践①

解説

大好きな先生と仲間と楽しむ絵本の世界

西川由紀子

おはなしが大好きな子どもたちとおはなしが大好きな佐野さんたち保育者の実践です。

佐野さんの絵本好きに感心したのは、四歳児クラスの見学をしていたときのことでした。そのとき『落語絵本　じゅげむ』（クレヨンハウス）が読まれたのですが、「じゅげむじゅげむ……」

のフレーズを佐野さんが読み出すと、四歳児全員が声をあわせてじゅげむの合唱をはじめて、あっけにとられました。何度も何度も繰り返し読んでもらううちに、長い長いフレーズが暗唱できたのだと、この絵本の魅力、読み手の佐野さんの魅力に注目しました。

◉いつもの楽しみ方で楽しむ楽しさ

今回は一歳からの小さい子どもたちのクラスの実践ですが、幼児クラスと同じことが起こっています。何度も何度も繰り返し読んでもらうことで、子どもたちに絵本の魅力がしっかり伝わっています。しかもその魅力は、保育園ならではの気心知れた集団のなかで読んでもらう楽しさです。

例えば、組木のがらがらどん。トロルの「そんならおまえはとっとと～」というセリフを佐野さんはここで止めます。すると、それを待って、子どもたちは声をあわせて「いってしまえー」と叫ぶのです。このかけあいは、佐野さんががらがらどんを楽しむときの、子どもたちと佐野さんの「お約束」なのだと思います。トロル登場のときの「きゃー！」も同様。ここは大騒ぎしていいところと心得た子どもたち、顔を見あわせながらそのときを待って、叫んで楽しんでいるのです。ものがたりの展開をすっかり覚えてセリフを想起して、友だちと声をあわせてものがたりに参加している子どもたちです。

『きれいなはこ』（福音館書店）では、セリフの繰り返しではなく、絵本の内容へのコメントを楽しんでいます。「ガブしたらねこちゃんいたいなぁ」などと、まるで保育者のような口ぶりが愉快です。あたかもはじめて見たかのようなやりとりですが、このコメントをいつも同じ箇所で繰り返すことが楽しい子どもたちです。

こんな子どもたちを見ていて、「知っているおはなしを何度も聞く楽しさ」を感じます。考えてみれば、おとなも繰り返し聞くおはなしは楽しいと思います。お気に入りの映画も本も、ストーリーを知っているからこそまた楽しみたいのです。でも保育室での楽しさはそれにとどまらず、いつもの仲間と楽しむことが加わります。声をあわせてものがたりに参加したり、自分の意見をみんなに伝えたりすることがどんなに楽しいかが、実践報告から伝わってきます。ドキドキの展開があっても、結末を知ってるから安心して楽しめるおはなしの時間を、友だちと共有することが楽しいのです。その気持ちがくっきり描かれているのが、Sくんのたがめばばあを「みんなで」見たかったというエピソードです。

◉絵本の世界を現実であそぶ

二歳児クラスの後半の実践として、忍者になってみたり、小僧になってみたり、ものがたりを生活の場面で楽しんでいる姿が紹介されています。「かっこいい！」と外から眺めるだけでなく、自分がそのかっこいい忍者になってみる楽しさは、子どもたちが絵本のなかに入っていっているとも言える場面です。興味深いのは、絵本の世界を現実であそんで、現実のあそびが楽しくなるだけではなくて、あそぶことで、くろずみ小太郎のかっこよさや小僧さんのどきどきがより身近に感じられ、次に絵本を見るときに、いっそうおはなしが楽しくなっているという指摘です。このあたかも自分が忍者や小僧になったかのようなあそび方は、幼児期ならではの楽しみ方です。小僧の「まーだまだ！」のセリフは、紙芝居の場面と自分の現実の場面の重なりを発見して、ひとことと「まーだまだ！」と言うことで、保育者も友だちもみんなが同じ場面をイメージできる楽しさをあそんでいるものです。同じ世界を共有していることが確認できることが、楽しいのだと思います。こうしたおはなしの世界であそぶ経験の積み重ねが、本書三部で展開されている劇表現につながっていくのでしょう。

ものがたりが提供する世界はいつもゆたかな広がりをもっていますが、それを生活をともにしている友だちと共有し、目と目をあわせてわくわくして、ときに思いついた発見を伝えあい、ときにセリフの掛けあいを、みんなで「間」を共有し呼吸をあわせて楽しむことができるのが、保育のなかでの楽しみ方の特性だと思います。その日そのときの子どもたちにぴったりあった絵本を囲んで、安心して楽しめる時間をたいせつにしたいと思います。

❷…絵本でつぶやく子どもたちの思いをうけとめて（四歳児）

市枝恵子（兵庫保問研）

園の概要

おさなご保育園は、兵庫県尼崎市北部に位置し、開園三六年目になります。定員は本園が六〇名、分園が二〇名で、産休明けから就学前までの保育園です。周りは住宅街ですが、隣にお寺や公園、細い路地裏などがあります。

はじめに

りんご組（四歳児）は、男子五名、女子一〇名の一五人のクラスです。おしゃべり大好き、体を動かすことが大好きのとてもにぎやかなクラスで、トラブルもよくおきました。

自分の言いたいことを言葉にして伝えますが、相手がわかってくれないとイライラして泣いてしまう姿があったり、自分の言いたいことが言葉にならずどうしていいのかわからず泣いてしまったり、手が出てしまう姿もありました。

相手の思いを聞いてお互いが納得いくように対応していますが、次の取り組みをしなくてはと急ぐときはゆっくり時間が取れず、丁寧な対応にならず「自分をいい加減に扱われた」という思いを子どもたちにさせたことも多くありました。

トラブルの場面だけでなく、嬉しかったとき、哀しかったとき、楽しかったときに「きいてきいて！」と言ってくる子どもたちのつぶやきをどれだけ聞いて一緒に泣き笑いしてあげられているかと思ったとき、一人ひとり丁寧にかかわりきれていないことに気づき、できるだけ聞き取ろうと努力してきました。

絵本の読み聞かせの時間も、子どもたちのつぶやきを聞いてあげられる大切な時間として取り組んできました。つぶやきを聞いて子どもの心に触れたとき、「大きくなったな」と思うことがよくありました。

絵本との出会い

・『むしゃくしゃかぞく』（あすなろ書房）

むしゃくしゃかぞくの朝食は砂とじゃりのおかゆ、夕食は小枝と小石のシチューでした。「まずいまずい」と言いながら食べます。子どもたちはけんかばかり。誰一人「楽しいな！」と笑うことも「すてきだね！」とにこにこすることもありませんでした。

ある日、ぼうやが野原に行くと、ひなぎくの上に〝ふわふわぽわん〟としたものが浮かんでいました。ぼうやは、そっとつかみポケットに入れました。すると何だか楽しい気分になってにこにこしました。すると〝ふわふわぽわん〟はポケットから抜け出してみんなのところへ。一緒に暮らすようになってから毎日楽しい日を送るようになり、「にこにこかぞく」になったというおはなしです。

かこちゃんは、何でも自分がやりたいと思ったときにすぐにできないと気がすみません。相手を押しやってもしようとします。するとケンカになります。「だから…」と、いろいろ理屈をつけて自分を正当化しようと一生懸命で、素直に認めようとしません。時間がかかってやっとおさまるケースが何度もくりかえされました。

そんなある日。『むしゃくしゃかぞく』を読みました。読み終えたあとに、

かこちゃん「りんごさんみたいやな」

保育者「なんで？」

かこちゃん「だってケンカばっかりするもん。かこみたいやな」

とポツリとつぶやきました。それからまたケンカがおきました。

保育者「ここ（胸）にむしゃくしゃくんいるの？」

と尋ねました。この言葉を聞いたかこちゃんは、スーッと気持ちが落ち着き、気持ちが切り替えられ、素直に「ごめんなさい」と相手に言えました。

友だちがケンカしているときには、「むしゃくしゃくんを追い出し！　なかよしがいいで！」

と言えるかこちゃんになってきています。自分のことばかりでなく相手にも気持ちをよせられるようになりました。

このおはなしを自分のなかに取り入れ、自分を見つめることができたかこちゃんです。まだまだトラブルはありますが、〝ふわふわぽわん〟の言葉を大事にしています。〝ふわふわぽわん〟とは何でしょうか。花の精？　子どもたちは、きっといろいろなイメージをふくらませていることと思います。

・『ないたあかおに』（偕成社）

節分の日のつどいで「ないたあかおに」の職員劇をしました。最後のあかおにがあおおにの手紙を読む場面になったとき、あきらちゃんが泣いていました。「どうしたんだろう」と思いましたが、そっとしておきました。

数日してこの本を「よんで」ともってきたのでみんなで読みました。やっぱり最後のページで目に涙をいっぱいためて泣いています。

かんたくん「あきらちゃん　ないてる」
たけるくん「なんでないたん」
ゆかちゃん「かなしかったからやな」
れいかちゃん「あおおにと友だちやったから　もうあえなくなったからやな」
ゆいちゃん「うれしなみだかな？」
ことみちゃん「てがみよんでうれしかったからうれしなみだかな」

と、それぞれ自分の思いを重ねながら泣くあきらちゃんに、思いをはせる友だちの姿がありました。そんな友だちに、「だってかわいそうやもん」と答えるあきらちゃん。この手紙のメッセージが受けとめられる感性の豊かさに驚かされました。

あきらちゃんは絵本が大好きです。貸し出し日のときに借りる絵本を選びました。そのときに「おかあさんよんでくれへんねん」とちょっと寂しい表情で言いました。お母さんをせめるような言いかたではありません。

あきらちゃんは優しいので、お母さんの仕事が忙しいことがわかっていて読んでもらえない気持ちと、お母さんにどうしても読んでほしい気持ちの両方が、「よんでくれへん」の言葉にこめられているように感じました。そこで、「大丈夫よ、きっと読んでくれるよ」と言うと、とても嬉しそうでした。

お迎えに来たお母さんに伝えました。「今日は読んでやります」との返事だったのでほっとしました。お母さんと自分の間でゆれる気持ちをしっかり受けとめて、安心感がもてるようにしてあげたいと思いました。

・『てんぐだいこどんどん』（ミキハウス絵本出版社）

げんさんは、てんぐさまのたいこを拾いました。はなのびろ！　ちぢめ！　とたいこをたたくと、そのたびにどんどんとたたくと鼻がのびたり、ちぢんだりしました。ある晩、夜空にむかってはなのびろ！　と、どんどんとたいこをたたき続けました。

その頃、天のあまのがわではかみなりどんがふなあそびをしていました。ちょうど出てきたげんさんの鼻を杭と思い船をしばりつけました。はなちぢめ！　とたいこをたたき続けると、げんさんはあまのがわに。そのまま空にいついてしまったというおはなしです。「これおもしろいねん　すきなえほんやねん」と、こういちくんが何回も「よんで」ともってくる絵本です。

あいかちゃん「あいかもすき　だってはながのびたりちぢんだりするからおもしろい」

ゆうだいくん「ちきゅうぎにくくりつけたら　ちきゅういっしゅうできるかも　たのしそうやな」

ゆうたくん「かみなりといっしょにあそんだらおもしろそうやからな」

あおいちゃん「あーちゃんもいってみたいわ」

と、楽しい会話がはずみ笑い声が絶えず、みんなを和ませてくれる絵本となりました。

・『昆虫とあそぼう』（戸田デザイン研究室）

たけるくんは、小動物が大好きです。お兄ちゃんの影響もあり虫のこともよく知っています。この絵本を真ん中に男子たちを集めて夢中で見ていました。「これなんてなまえ?」「どこにおるん?」「なにたべてんの?」とつぎつぎに質問されます。難しくなると「図鑑見よう、兄ちゃんに聞く」と知識を深めていこうとする気持ちをクラスのみんなにも伝えてくれました。

クラスでザリガニ、カニ、カタツムリを飼っていますが、つい世話を忘れそうになったとき、いつもたけるくんが「飼育当番しなあかんで」と言ってくれます。飼育ケースを毎日のぞいて命を大事に見守ってくれています。

・『しりとりの大好きなおうさま』（すずき出版）

言葉あそびが大好きで、しりとりもよくします。目の前にないものを一生懸命イメージして答えを出す子どもたちです。この絵本は、表紙の絵から楽しめていく絵本で、みんなで声を出して楽しめます。

めぐちゃんが言いました。「〝ん〟のつく仲間はみんな悩みがあるねん、みかんやろ、だいこんやろ…」「ん」がつくと終わりになってしまうから悩みだと思ったのでしょう。その後、「ん」のつく言葉探しでおもしろさがふくらみました。

・『わんぱくだんのゆきまつり』（ひさかたチャイルド）

りゅうくんは、なかなかおはなしの世界へ入れません。読んでいる最中もあっちこっちと移動したり、下を向いてゴソゴソしたりで集中できません。短いおはなしは聞けますが、長いストーリーのあるおはなしになるとイメージしにくいようでした。

冬に雪山合宿へ行きました。吹雪のなかでしたが、雪合戦、そりすべりなどをしてとても楽しい体験をしました。

この後に絵本を読みました。体験前と体験後のりゅうくんの楽しみかたが違っていました。読み終えたら「あ～おもしろかった。雪であそんだらおもしろいもんな」と、はじめてみんなの前で大きな声で嬉しそうに話してくれました。どんな絵本に出会わせてあげたら楽しめるか考えていたところだったので、りゅうくんの表情に保育者も喜びました。
これを機にもっと楽しめていくにはどんな絵本に出会わせてあげたらよいのかを捜していると
ころです。

・『もりのかくれんぼう』（偕成社）

この絵本は、虚構の世界と現実の世界を行ったり来たりするおはなしです。絵の色もきれいなのでるみちゃんは何度も読んでいます。もりのかくれんぼうがどこにかくれているのか絵を見ながら捜するみちゃんの目は、とても真剣でした。自分も一緒にかくれんぼして楽しんでいるようでした。「かくれんぼさん、保育園にきてくれたら楽しいのにな。でもこれって夢のおはなしやんな」と話してくれました。ファンタジーの世界を楽しむるみちゃんです。いつも静かなるみちゃんですが、このおはなしは、とてもいきいきした表情で話してくれました。

今子どもたちは

絵本との出会いがたくさんあり、絵本でのつぶやきをできるだけ聞き取るようにしてきました。子どもたちも聞いてくれる安心感から、自分の気持ちをよく話してくれるようになりました。保育者との関係もずいぶん深まってきました。

一冊の絵本を何度も読み、わからないところがあると「なんでかな?」と聞き、深く読み取ろうとします。また心情も読みとろうとします。友だちとのケンカで相手の気持ちをわかろうと一生懸命になる姿につながっているように思います。困っている子がいると一緒に考えるクラス集団にもなってきています。

おわりに

絵本を読み終えた後の時間を大切にしています。集中して見た後はとてもにぎやかになります。読んでもらって感じたこと、疑問に思ったことを伝えたいからです。子どもたちは、絵本のなかの絵をよく見ています。耳から入ってくる言葉を聞きながら絵を捜しています。見つけたときは嬉しそうに話します。言葉ではわからないですが、絵を読み取ることでわかるところがたくさんあるようです。細かいところまでよく見ていて、おとなが見つけなかったところを見つけてくれます。

この時期、絵をしっかり読み取る力をつけることが大事なようです。絵を読み取る力は、言葉を読み取る力につながっていきます。

今は、疑問に思うことを十分に引き出してあげようと思っています。そして一人ひとりの心のつぶやきを受けとめていきたいと思います。読み手の感性をみがきながら、絵本の選書のしかた、出会わせかたをもっと深め、子どもたちと楽しい読み聞かせの時間をつくりたいと思っています。

実践②

解説

絵本の読み聞かせのなかで出てくるつぶやきから子ども理解を深めた保育

徳永満理

◉はじめに

市枝さんは、兵庫保問研の会員として、また、兵庫子どもと絵本の会の会員としても絵本の読み聞かせなどの保育実践研究に参加しています。絵本の会では、毎月、○歳児から五歳児クラスの子どもたちに読み聞かせをした絵本を持ちより、どのように絵本を楽しんだかを報告しあっています。子どもたちは、読んでもらうのを聞きながら絵を見ていろいろなつぶやきを発していま す。そのつぶやきやちょっとしたしぐさのなかに、子どもたちの今の思いが込められていることを確かめあい、子ども理解を深め、次の保育につなげるという実践交流をしています。その学びのなかで、四歳児クラスを担当した市枝さんは、絵本を通して子どもたちのつぶやきを理解しようとする実践をしています。

◉保育者ともっとおしゃべりをしたい子どもたち

四月に担当することになった四歳児たちは、賑やかで明るい子どもたちでした。市枝さんは、そんな子どもたちに「みんなのなかの自分、自分のなかのみんな」という集団意識をもって育ちあってほしいとの願いで、保育に取り組みはじめます。しかし、実際には言いたいことが伝わらずに泣いたり、手が出てしまう子どももいて、間に入ってしっかり聞いてあげようするのですが、ゆっくり時間が取れないのが悩みでした。そうしたなか、どの子も個々に市枝さんとたくさんおしゃべりをして、繋がりたいと願っているのに気づきます。子どもたちを〝みんな〟という言葉でくくるのではなく、まず一人ひとりと気持ちからつながることが、このクラスの集団づくりの第一歩だとの思いに至るのです。そこで、子どもたちのつぶやきが多く出てくる絵本を通して、内面にある思いをしっかり聞きとり、受けとめ、一人ひとりの思いを理解しようと、今まで以上に読み聞かせの時間を大切にするようになるのです。

◉子どもと共に出会った絵本がもたらせてくれたもの

〝絵本との出会い〟の項の最初、『むしゃむしゃかぞくの』との出会いは、自己主張が強く他者との関係がまだ築きにくいかこちゃんが、絵本のなかのむしゃくしゃくんに共感を覚え自分と重ねることで、徐々に友だちとの関係を築きはじめるようになります。そして、一緒に絵本を共有した子どもたちも、かこちゃんを受け入れ友だちになりたいという思いをもっていることに気づくのです。

市枝さんはこの実践を通して、絵本の読みのなかで出てくるつぶやきや視線のなかに、子どもたちの今の思いが秘められており、それを受け止めることで子どもの内面に変化が起き、読んだ後も、子どもたちの生活やあそびにも変化をもたらすことに気づくのです。こうして一年間、子どもたちとともにいろいろな絵本に出会いながら、子どもたちの内面にある思いを受け止めていきます。

『ないたあかおに』を読んだことから、絵本大好きなあきらちゃんのつぶやきが生まれ、感性の豊かさに気づいた市枝さんは、お母さんにそのことを伝えます。このことで、お母さんに絵本を読んでもらえることになっただろうと思うと、本当に嬉しくなります。『昆虫とあそぼう』を真ん中に、虫大好きなたけるくんと友だちの関係がほほえましく伝わってきます。『しりとりの大好きなおうさま』からは、言葉あそびをおもしろがる子どもたちの四歳児らしい姿が浮かんできます。

『わんぱくだんのゆきまつり』では、実体験が絵本体験にリアル感をもたらせ、楽しみ方にふくらみをもたらせることを教えてくれています。最後の『もりのかくれんぼう』からは、「かくれんぼさん、保育園にきてくれたら…、でも夢のおなしやんな」というるみちゃんの言葉は印象的です。おはなしと実際の世界を自由に行き来し、おはなしを心から楽しみはじめた四歳児らしいつぶやきだと思うからです。

◉おわりに

絵本は保育のなかで、生活とあそびのつなぎや設定保育の導入として使われがちです。しかし、それだけの役割ではないし、知識を注入するだけのものでもないのです。最後に市枝さんは「この時期、絵をしっかり読みとる力をつけることが大事なようです。絵を読み取る力は、言葉を読み取る力につながっていきます」と書いています。確かに子どもたちは、絵本から多様な影響を受け言葉の力を育んでいきます。文を聞き絵を見ながら一人ひとりのつぶやきが生まれます。そのつぶやきを心から受け止めてくれる保育者がいておしゃべりがはじまる、そんなゆったりとした読み聞かせの時間の流れのなかで、子どもたちは豊かな感性と内面の育ちを自らのものにするのだと思います。

❸…絵本からひろがるごっこあそびが自分たちの暮らしをより豊かに（三歳児）

関塚弘美・梅木あゆみ（栃木保問研）

園の概要

風の子保育園（定員九〇名）は、栃木県南部に位置する佐野市にあります。周辺には短大、大型商業施設などがありますが、大きな道路を抜ければ、川や田んぼが広がり自然環境も残されています。

提案は三歳児・やまばと組。男の子一〇人　女の子一二人　計二二人うち一九人は〇歳児からのもち上がりのクラスです。

一歳児クラスのときから　絵本からひろがる表現ごっこが大好き

高月齢が多く、低月齢の子たちも兄姉がいるので絵本は大好きな子どもたちでした。〇歳児後半には絵本からはじまる表現ごっこが大好きになっていました。絵本『もこもこもこ』（文研出版）を読み終ると同時に、誰からともなく〝もこっ　もこもこ〟〝にょき　にょき〟と絵本の言葉が動き出したかのように、子どもたちの身体が動き出します。

「もこっ」と言いながらカーテンに隠れる子、「ぷ～」とカーテンから出てくる子、「つん」と壁にくっついて隠れているつもりの子。「もこもこ」の表現ごっこを楽しみながら、保育者の「もこもこ、みーつけた！」のひとことで、かくれんぼあそびに発展していくことを楽しむようになっていました。子ども一人ひとりのつもり表現を認めあうことで、その子らしい表現が飛び出し、一人の表現をみんなで共感することでさらに一人ひとりの表現が豊かになっていきました。

複数担任である保育者同士も互いにどんな絵本を読み、どんな表現あそびに変化していくのか楽しみながら、自分の表現も子どもに負けないくらいとことん楽しみ認めあい、自分自身が表現しあうことが大好きになっていったのです。

二歳児になるとごっこあそびからルールあそびへの発展がさらに楽しくなる

『ちいさいおしろ』（学研プラス）、『ホップ・ステップ・ジャンプくん』（創風社）といった長編の物語も好きになり、あっという間にその世界へ自由に行き来できるのも二歳児のおもしろい姿でした。これらのおはなしは、丸山亜季歌曲集にある歌と物語のあらすじを昼寝のときに読み、歌をわたしました。

『ちいさいおしろ』では、「広い野原に、小さなお城がありました。それはひくくもなく高くもないお城でした」のこのセリフだけで、もう子どもたちの頭のなかにそれぞれの小さいお城のイメージが浮かんでいるのでしょうか、一人ひとりの表情はドキドキワクワク顔です。「するとカエルがやってきて、ここで暮らすことにしました。次にねずみがやってきて『ここに住んでいるのはだれ?』、『私は、カエルのクヮクーシカだよ! あなたはだれ?』、『ねずみのノールシカです。入れて下さい。パンを焼くことができます』、『それはいい。一緒に楽しく暮らしましょう』」と、つぎつぎに仲間がやってきては「あなたは誰?何ができるの?」というこのセリフが大好きになりました。このごっこあそびでは、自分の名前が言えて、入れてもらうときには、自分の得意なことを自慢できるのですから、二歳児にとってはもってこいの、ごっこあそびです。

あそんでいるうちに鬼ごっこに発展していくこともありました。キツネのいたずらペーチャ(担任)が子どもの誰かを捕まえると、子どもたちはハリネズミになってキツネ(担任)をこらしめて仲間を助け出していく、助け鬼へと発展。

「しっぽ鬼」や「タッチ鬼」も大好きになっていましたが、このときの鬼は決まって絵本のなかの登場人物でした。もちろん、主人公の特徴を生かした鬼ごっこを考えるのがおもしろいからでした。

『ホップ・ステップ・ジャンプくん』では、おはなしにそって、担任が悪いムラク役になって、ボールのホップ君たちをあそびに誘い出すのです。ホップ君はじっとしていられなくていつも弾みたくなってしまうのですが、なんだか子どもたちにぴったりなのです。ホップ君の役になりきっている子どもたちは、わざとムラクにつかまり、他の仲間に助けを求めます。すると、仲間を助けにきた子たちは、おはなしのムラクは歌をうたわれると頭が痛くなってしまうので、歌を大合唱。そこで、ムラク役の保育者が「誰だ歌をうたうやつは、やめてくれ頭が痛くなる」と痛がると、さらに大きな声で歌をうたい、ムラクが頭を抱え出したら仲間を助けにいくという具合で、クラス全員が夢中になりました。

その年齢にとっての絵本選びも大事にしてきました。今この子どもたちにピタッとくる絵本選びや、子どもたち同士がどうつながっていくのかなと感じて絵本を読むことも楽しくなっていきました。『てぶくろ』（福音館書店）、『めっきらもっきらどおんどん』（福音館書店）もごっこあそびで夢中になった絵本です。

一筋縄ではいかない三歳児が夢中になっていったもの

「いっちょまえの三歳児」、「誇り高き三歳児」、「友だちと通じあえる喜びを知る三歳児」などと言われるわんぱくな三歳児二二人の心と身体を一気に満たしてくれた教材が、「絵本からひろがったごっこあそび」でした。本当にたくさんあそびこみ、役になりきることが楽しくて、おはなしのなかでも、登場人物に自分たちを重ねて「これはボクみたい？」「これは〇〇ちゃんみた

いだ」と、自分や友だちに似た主人公を探している子どもたちがいました。「怒りん坊は○○ちゃんみたい」と言われても、絵本の登場人物と同じ怒りん坊なら許せてしまうのです。

四月〜五月頃、男の子を中心に恐竜が大好きになり、保育園にある恐竜に関する絵本・図鑑・紙芝居・カルタを本棚から見つけては部屋に集め、毎日見ては読んであそびました。

恐竜は好きすぎて、恐竜の名前と特徴も覚えて、「ボクは肉が好きだから肉食恐竜のティラノサウルスだ！」、「ワタシは卵を守るルーフェンゴサウルス！」と言うのです。いつの間にか二人それぞれに自分の好きな恐竜がいて、しかもその恐竜と本人がどこか似ているから愉快なのです。

取りあうように見ていた保育園の恐竜図鑑はボロボロになりそうだったので、自分だけの恐竜図鑑を作ることにしました。子どもたちそれぞれの好きな恐竜をコピーしたものをハサミで切り取り、紙にのり付けし、冊子にします。親には、「わが子を恐竜に例えたら……？」とお願いをして、子ども恐竜の特徴、何食系？を書き加えてもらい、自分だけの恐竜図鑑を完成させました。

あそびでも、恐竜鬼が大ブームになりました。たとえば、ティラノサウルス鬼ごっこは、鬼のティラノサウルスにタッチされたら、タッチされた人もティラノサウルスになって鬼が増えていく鬼ごっこ。最後まで人間のままで逃げ切った人が勝ちといったぐあいに、ルールは毎回子どもたちが考えて楽しんでいました。

お泊り保育を翌月に控えた八月頃は、『はじめてのキャンプ』（福音館書店）、『はじめてのおつかい』（福音館書店）、『ことろのばんば』（福音館書店）など、楽しい

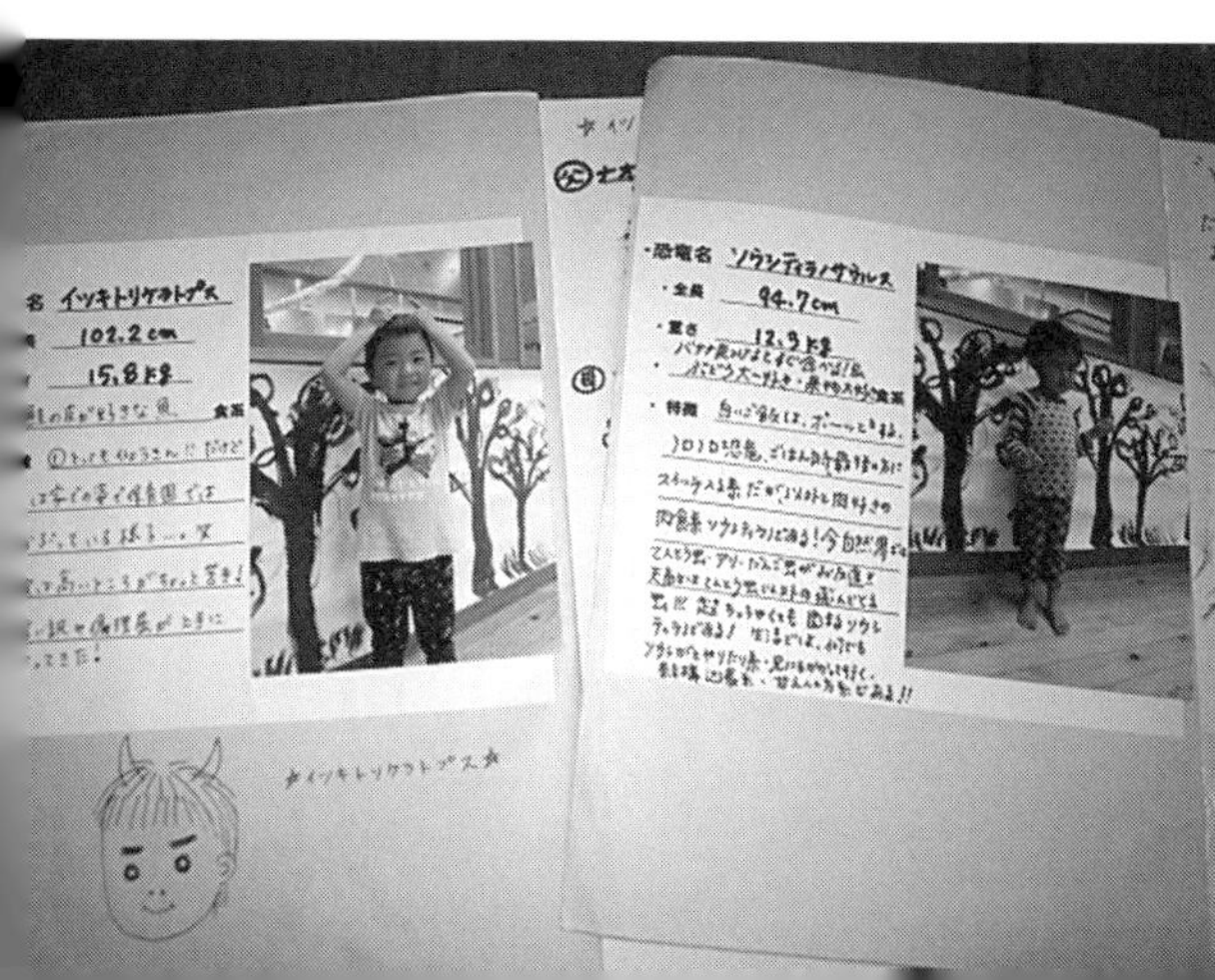

おはなしやちょっと怖いおはなしを、みんなでくっつきあい、ドキドキ感を楽しんでいました。

お泊り保育で保育者演じる『さるかに』の劇!!

三歳児になると、園内で初のお泊り保育があります。自分たちで考えあった生活スケジュールや食事など自分たちだけの時間を大好きな仲間たちと感じあうことが目的です。お泊り保育の楽しみのひとつに、保育者が演じる『さるかに』（木村次郎作、丸山亜季歌）の劇があります。毎年やっている劇ですが、その年度の子どもたちにあわせて、この物語のどこを大事に伝えたいかを担任が考えてわたします。私たち担任は、「猿のずる賢さ、カニの無力さと知恵を出しあう賢さ」を表現したいと思い、猿役の男性保育者にド迫力の意地悪な猿を求め、演じました。

子どもたちは猿の意地悪さに驚き、最後は力づくで奪い取っていく猿が憎くなったのでしょう、劇を見た後布団に入っても興奮冷めやらぬ状態で、「カニつぶされちゃったね」、「さるが柿をぶつけたからだよ」と、子ガニたちがブツブツ生まれてきたかのように子どもたちの会話（感想）がとまりませんでした。気持ちは物語のなかの子ガニや栗、臼たちと同じ思いになっていたのでしょう。

翌週からはもう「さるかに」ごっこに夢中でした。いつも影に隠れているような子がド迫力の猿を演じたり、いつも前に立つような子がつぶされてしまう親カニを演じたり、舞台がなくとも、部屋でも園庭でも散歩先でも「さるかに」ごっこがはじまるのでした。

親を巻き込んで楽しむ運動会

二歳児の運動会の親子競技で表現ごっこを楽しみました。今年の運動会では親子で劇ごっこを楽しみたいと思い、「親子劇団」というネーミングにしました。親には『さるかに』の「山の千匹さる」になりきって登場してもらいました。親もこの時期に楽しんでいたおはなしやあそびに心を寄せていてくれるので、担任がどんなふうに演じてもらいたいかはすぐに伝わります。まさしく親子で共感しあえる文学教材になってきていることを感じました。

表現あそびから劇ごっこへ

運動会後、大きいクラスが楽しんでいる「魔笛」の鳥さしパパゲーノごっこや、一二月には「森は生きている」など、おはなしと共に歌の世界でも楽しむようになってきました。一月・二月は「オキクルミ」。このおはなしはアイヌのおはなしですが、保育者たちはアイヌ衣装を着て、アイヌの踊りを踊り、「オキクルミと悪魔」の劇を子どもたちに観せています。これらは風の子保育園では、欠かせない音楽、そして文学教材になってきています。取り組まなくてはいけない教材ではないのですが、大きいクラスへの憧れから「大きくなったら自分たちもやりたい」という思いが子どもたちにあり、〇歳児のときから憧れをもらって育ちあってきた風の子保育園では、なくてはならない教材の一つになっています。

小さいころから楽しんできているのですが、各年齢で好きになるところが違っていて、一・二歳の頃は「このセリフ」と「あの役」が好きという部分的な表現あそび、三・四歳になるとその先の話もつながり、五歳児では物語全体がつながり楽しめて自分たちでつくりあう劇ごっこになっていく姿があります。三歳児の今は、保育者がストーリーをつなぐナレーションだけをすれば、子どもたちが場所設定や位置関係を瞬時にアイコンタクトで確認しあうようになっています。長いセリフもいつの間にか口にしています。子どもたち同士で、一つの物語を演じてストーリーを進めていけるおもしろさが伝わってきます。

これは日常の生活でも同じことが言えて、〈自分たちの暮らしを楽しくすごすにはどうしたらいいのか〉ということを子どもたちそれぞれがいろいろ考えています。生活のなかで一番あわただしいあそびから食事の準備の時間に、担任が「そろそろご飯にしようか？」と声をかけると、素の自分ではまだまだあそびたい気持ちでいっぱいなのに、保育者が「すみません。掃除名人さんお片付け頼んでいいですか？」と言い方を変えるだけで、「はい、まかせてください」と誰かになりきって気持ちを切り替えたり、「ごはん運びは、まかせて！」「じゃ〜テーブル準備しておくよ」と、普段の生活なのにふとした瞬間、一人ひとりが何かの役になりきって、生活がスムーズに流れるよう表現しているように思えてならないときがあります。もちろん、担任の思惑通りにいく日ばかりではありませんが、自分たち子ども発信の「いいこと考えた！」からはじまる生活が楽しくてたまらないのです。そうした豊かな生活が、子どもたちの想像をふくらませ、二二人の共感が生まれてくるように思います。

おわりに

絵本から生まれたごっこあそびでは、衣装も道具もありません。いかにおはなしそのものを表現し楽しむかです。そのことを〇歳児のときから楽しみ、積み重ねてきました。三歳の今は、道具が必要なときは、子どもたち自身がその道具を何とかできないかと考えたり、自分の力で作れるものを用意したりしています。

役になりきっているとき、それがどのように発展していっても、その表現はその子らしさであり、自分らしさであると感じています。仲間のなかで表現すること、演じ、認めあえる場をいつも大事にしてきました。そうした場があるからこそ、自分たちの生活のなかでも「大きくなりたい願い」のなかで「大きくなっている自分」を思い描き、そのように行動することで、「新たな自分」を発見し、さらに仲間のなかで自分らしく輝き出す姿があります。一つひとつ担任に言われなくても、「先生がいなくても大丈夫だから！」と、おとながいない生活を楽しもうとしているのです。これからも自分や自分たちの生活のなかで一人ひとりがいきいきと輝き出す生活を、子どもたちの「大きくなりたい願い」にぴったりくる何かを、一緒に見つけ出すことを楽しんでいきたいと思います。

実践③ 解説

幼児や保育者の歌声と絵本や物語がつながって

田代康子

◉自在な表現活動を育てる園の文化

この実践では、子どもたちは絵本や物語を楽しんで感じたことを自在に表現してあそんでいます。「風の子保育園は、『子どもたちに良質の文化（教材世界）を手わたす』ことを保育の芯にしています」と園紹介の文にありますが、まさにその成果であるのはもちろんです。

もうひとつ、保育室の配置も自在な表現を支えていると思います。玄関を入ってすぐの園舎の中心に天井の高いホールがあり、一方は幼児の保育室につながり、一方は乳児の保育室に広い廊下でつながっています。ホールで幼児が歌ったり劇をしていると、乳児も気軽に参加し、乳児を抱っこしている保育者も一緒に歌っているのです。五歳児が本格的に取り組む「魔笛」や「森は生きている」も、保育者が練習し衣装も調えて演じる「オキクルミ」などの歌や劇も、○歳児のときから、練習も本番も含めて日常的に聴いたり観たりしているのです。この実践の背景にはこうした「園の文化」があります。

そこで、実践で述べられているように、一・二歳児のころはそれぞれの作品のこのセリフ、あの役というように「点」でその作品に近づき、三・四歳児になればその先の話ともつながって物語らしく取り込んで「線」になり、五歳児になると物語全体がつながって「面」になり劇を演じるようになっていくのでしょう。

◉登場人物の名前がついた鬼ごっこ

『ちいさなおしろ』や『ホップ・ステップ・ジャンプくん』のように長い物語を、三歳児クラスでどうやったら楽しめるのだろうか不思議でした。けれども、子どもたちは、赤ちゃんのときから丸山亜季歌曲集にある歌を聴いて登場人物を知っていて、二歳児クラスでお昼寝のときにおはなしのダイジェスト版の語りを聞いているので、登場人物の関係がよくわかっているのです。そこで、ムラクの嫌いな歌を大合唱するマイクラス版ホップステップジャンプくん鬼ごっこが生まれるのでしょう。物語では、登場人物のそれぞれの性格や行動の特徴がはっきりしているので、追いかけても逃げてもイメージが保持され続けやすいのでしょう。

◉子どもたちのおもしろがっていることをとらえ、発展させる保育者

恐竜が大好きな子どもたちが、保育園中の恐竜の絵本・図鑑・紙芝居・カルタを保育室に集めた迫力も、この実践の魅力です。これだけ大がかりになると、数人の男の子の興味にとどまらず二二人全員の関心事になるのも当然だし、自分の好きな恐竜はこれだと言う子があれば、みんなの知らない恐竜を探しだして、自分はこれだと言いあうのも楽しいにちがいありません。二二人

全員にそれぞれが好きな恐竜がいるからと「自分だけの恐竜図鑑」を作ろうと思いつく保育者も協力する保護者もすてきです。

お泊り保育で保育者が演じた「さるかに」の劇を観て、すぐにド迫力の猿を演じたくなり、「さるかに」劇ごっこをはじめたというのは興味深いことです。あの保育者があんなにズルイ猿になった、ああいうふうにやるとズルイ猿に見える、そこまでやっていいんだと子どもたちが感じたからこそ、同じようにやりたくなるのです。演じる楽しさ開眼のときです。子どもたちの身近に迷うことなく堂々と演技する演技者がいると、役らしく演じることは魅力的なことになるのです。

この劇ごっこでは、役の子がアドリブでセリフを言うと、言われた相手役の子がそのアドリブに応えてセリフを返し動いたそうです。ごっこあそびならふつうにやることです。この「さるかに」ごっこは、役らしさを強く意識して演じる、ちょっと特別なごっこあそびなのでしょう。

風の子保育園では、子どもや保育者が選んだ絵本を毎日読んでいます。「絵本を読むとき、この絵本で子どもたちは何をおもしろがっているのか、この絵本のどんなところで子どもたちがつながっていくのかなどと、子どもたちの心を探っている」と関塚さんは言います。絵本を楽しんでいるときの、身体の動きや心の動きをていねいに見つめている保育者集団のもとで、子どもたちは表現することに迷いがないのだと思いました。

❹…ダンゴムシ研究員となった子どもたち（四歳児）

高見亮平（東京保問研）

園の概要

どんぐり山保育園は、東京都練馬区に位置し、昭和四二年に共同保育所として開園され、平成二七年には新園舎を建て、移転。翌年には社会福祉法人化し、現在に至ります。四歳児クラスは、十五名（男児七名女児八名）担任一名で構成されています（二〇一七年度現在）。

子どもたちの「当たり前」を壊す

進級し担任も変わるものの子どもたちに大きな動揺はないように見えましたが、年度当初は信頼関係を築き上げることに大きく時間を割きながら、これまで経験してこなかったこと、以前から好きだったことを日々のなかで丁寧に積み重ねていきました。そのなかで子どもたちは保育園でできること、できないことを線引きしていることに気がつきました。これはもったいないと思い、ちょっと子どもが呟いた願望やお休み中に家でやって楽しかったことを振り返るときに、おとなが「今、やればいいじゃん」「それいいね」「じゃあ、行こうよ」など、子どもが保育園ではできないと思っていることを実現させていくようにしました。すると、子どもたちはどんどん自分を主張でき、おとなに対して要求も出せるようになっていきました。

一冊の図鑑がすべてのはじまり

生きものに興味を持つ子が多かったことから数冊の図鑑を購入するとやはり食い入るように一ページ、一ページ、友だちとめくりあいながら、おしゃべりも楽しんでいる子どもたち。そうしたなか、一人の子がダンゴムシの動きには特性があるという箇所を見つけて、これ、本当かな？と実験紹介に疑問を持ちました。

「じゃあ、やってみよう」です。すぐにダンゴムシを捕まえに行き、実験装置の再現。本のなかでは積み木を使用していましたが、子どもたちのなかでは汚れるという心配があったので割り箸で同じようにやってみることに。失敗や成功を重ねながら楽しんでいると、一人の子が規則性とは別に「ダンゴムシって足の早さが違うんだね」と気がつきました。他の子が「そりゃ違うよ。だって大きさが違うんだから」と返します。そうしたやりとりを見ていると、こちらも興味がわき、「専用トラックを作って競走させてみようよ」と提案し、早速やってみることに。

最初は数人がダンゴムシ競争に興味をもっている状況でしたが、「先生が一番速そうなダンゴムシ見つけようっと」などと言って探しはじめると「先生、ずるい！」という声が出て、それは瞬く間に全員に広がり、結局十五人全員が競いあうかのようにそれぞれ一匹ずつダンゴムシを探し、つかまえて園に帰りました。

自分だけのダンゴムシで競争をするなかで愛着も湧き、その日の午後にはそれぞれのダンゴムシの家を作り、名前を考えてくることは宿題にして、翌日みんなの前で発表しあうことを通じて、この取り組みはクラスの柱になっていきました。

ダンゴムシ研究所の完成

飼育を続けていくなかで、食べものを調べて家から食材をもってきたり、図鑑で調べたり、図書館に行ってダンゴムシ関連の絵本を読むことで相当量の知識を身につけた子どもたち。その探究心にはおとなも感心することばかりだったので、じっくりと研究に集中できる「生きもの研究室」を部屋のなかに作ることに。せまい空間ですが、そこは飼育している生きもの、図鑑、絵本、実験道具とすべてが揃った夢の空間。入室するには入館証も必要です。

子どもたちは、毎日そこに入ることを楽しみにし、大事な場所だからか、おとながあれこれ言わなくても研究室でのルールを自分たち自身で意識し、守らない子、他クラスの知らない子には指導も注意もいきいきとしていました。そのため、入館待ちの列ができることも（入館証は五つだけ）。その研究室内では、自分の飼っているダンゴムシの世話をしたり、図鑑を見て「研究」というおとならしさを味わいながら、居心地良さそうにすごしている子どもたちの姿が連日ありました。

ダンゴムシ絵本月間

知識がおとなを上回ってきた子どもたちに、ファンタジーという世界のダンゴムシはどう受け入れられるかという興味もあり、ダンゴムシが主役の絵本を十四冊集め、毎日一冊ずつ読み聞かせる「ダンゴムシ月間」をスタートさせました。

十四冊目となる最後の本は、以前も読んだことのある『ダンゴムシのコロリンコくん』（岩波書店）。子どもたちは、「前にも見たやつじゃん」と言いつつも、ページをめくる前からヒソヒソと物語の話をしあって期待感をもっている様子が見られ、読み進めると次の展開も口にする子どもたち。それがあっていると「ほらね」と得意気になりながら友だちと「ほらね」を共有、共感しあっている姿が見られます。

そして、ダンゴムシが鳥に襲われそうになって丸くなった場面で、一人の子がその場で身を丸めてダンゴムシになりきりました。

子どもが絵本の世界に入った瞬間だと思い、ダンゴムシの兄弟たちの名前を読むときに、その子の名前も加えると、つぎつぎに他の子たちも身を丸めてダンゴムシになりきりました。

読み終えた後、感想も振り返りもせず、ただ「よし！　移動開始だ！」と言うと、子どもたち

はそのままダンゴムシになりきって、机の下を住処のようにして潜り込んだり、棚の上にあったシーツを引っ張り出して葉っぱに見立てて友だちと一緒に隠れたり。これはおもしろすぎると思い、おとなも一緒にダンゴムシになって先頭に立ち、そのままホールへもぞもぞ移動すると、子どもたちも「やったー！」と嬉々としながら後をついてきます。ホールに到着するなりピアノを岩に見立てて潜り込んだり、ボールや風船を餌にして食べる真似をしたり、自然と子どもたちがダンゴムシになりきったあそびが展開されていき、翌日も数名が丸まったりして、誰が一番ダンゴムシらしいかを見せあったり、身体で表現することの楽しさを感じとっているようでした。

ダンゴムシ鬼ごっこ

ホールに行くとダンゴムシになりきるのがまず定番になっている子どもたちに、なりきるだけではなく何か変化を起こして楽しんでみようと思い、「危ない！　カラスがきた！」と叫んでみると、ダンゴムシになって歩いていた子どもたちは瞬時に丸くなり、シーンと静寂に。「よかった。カラスは気がつかないで飛んで行きましたよ」と言うと、一気にまた賑やかになり、「よかったね〜」、「ちゃんと丸くなれたね」と言いあいながら楽しそうに歩きはじめます。こういったことを突然しても自然と全員が同じ行動をとるのだからすごいと思います。

その後も何度か繰り返していると今度は子どもから「カラスがき

た!」、「カマキリがいる!」と言いはじめ、それも何度か続けていると、今度はダンゴムシをやめてカマキリ役になる子やカラス役になる子が現れ、あそびは「なりきる」から「追いかけっこ」のように変化をとげていきました。

おとなも本気でやってやろうとダンゴムシになって一緒に逃げ回りますが、子どもは早いのですぐに捕まってしまいます。だったらこっちは裏技で勝負。「残念! 捕まる直前に丸くなったからセーフだわ」、「残念だったね。だって今、脱皮したから捕まえたのはただの抜け殻でしたね~」と言って、再び逃げ回ります。文句を言う子は誰もいません。むしろ、「ああ、そうなのか」と納得してくれる子どもたち。

何か一つおとながアクションを起こすだけで後はもう子どもたちが自分達で好きなように世界観とルールをつくり上げていきます。

繰り返しやっていくうちに捕まった子も知識を駆使して都合よく言いわけをはじめます。「つかまる前に丸くなったからセーフ!」、「今は冬。冬眠するからタッチできない」などなど。鬼は鬼で、「メスは卵がある場合があるから優しくつかまえる」と優しいルールも誕生しました。どの子も不思議とどんなルールが突発的にできても抗議せずにすぐ納得するのは、知識が共通でそこに納得しているからのようです。このオリジナル鬼ごっこは鬼役がカマキリやカラスになったりすることが主流になり、カマキリ役も特徴をしっかり守り、ダンゴムシが近くにくるまでカマを伸ばして待機するなど、どんどん進化していきました。

自分たちの得た知識、経験がオリジナルの鬼ごっこを生み出したのもすごいと思いつつ、驚くことは暗黙の了解でルールが生態に基づいて変化していること、それを誰もがよしとするこの子どもたちの関係性。新たなあそびの誕生の瞬間でした。

伝えたい！という気持ち

これまで経験として得てきたダンゴムシやその他の生きものの知識、ファンタジーの世界からの表現あそびへの発展、どこかで一区切りをつけさせる何かがあるといいと考えていました。

そうしたあるとき、研究室を今後どうしていくかをテーマに子どもたちと話しあいをもちました。子どもたちのなかで取り壊しという意見はなく、もっと研究したい、広くしたい、もっと本を置きたいと意見が出るなか、一人の子が「もっと虫捕まえて研究したい。そしたら虫のこといっぱい知れるし、お父さんとかお母さんにも教えられるし」と言いました。これだと思い、「お父さんやお母さんに教えたいの？」と聞くと、「教えたいよ！」との声がほとんどだったので、「じゃあさ、いいこと教えてあげるけど、今度、発表会があるからそこで教えることをやってもいいけど？」と言ってみると、早速イメージをもった子が「ただ言うだけだったら、遠い席の人に聞こえないし、字を書いても見えないよね」と。そこから子どもたちと「どうやって伝えるか」を話しあい、これが発表会での構成、台本づくりの土台となっていきました。

身体と言葉で伝えること

子どもたちの意見を一つひとつ確認しながらまとめていき、台本が完成。ダンゴムシグループ、カマキリグループ、カタツムリグループに分かれて、それぞれに研究者役、生きもの役になり研究したことの発表とその再現を繰り広げていく構成となりました。

驚くべきことは、人前で何かをすることに対してこれまで奥手だった子が、誰よりも先に研究者の役をやりたいと名乗りをあげたことでした。彼は自分の興味がある生きものについてみんなと体験的に経験し、なりきり、そのなかで他の子は知らない自分だけが知っている知識をよくみんなの前で教える姿があったので、結果的に自然とそれらが自信へつながっていったのだろうと感じました。

また、カタツムリの特性をどう伝えるかを話しあっているときにもおもしろいことが起きました。それは、ダンゴムシ月間で見た紙芝居『ダンゴムシの友だち』（童心社）で描かれているカタツムリが歩いた後にできる「銀の道」（カタツムリが歩いた際に出る粘膜の跡）を思い出した子がそのことを言い、続いて園庭のプランターの下で実際にその「銀の道」を見た子が、「あれ、本当に見たから嘘じゃないんだよ」とそのことを言い、そのことを再現しようと決まったのです。問題はどうそれを表現するかでしたが、おもしろいことに「サランラップをお尻につけて歩けばいいんじゃない？」という子の発想が採用されました。物語で見たことが、現実のなかで確認された経験から生まれたそのシーンは、みんなも見ていて思わず毎回、笑ってしまう印象深いものとなりました。

ただ、すべてが順風満帆に決まっていったわけではなく、ふだんの会話のなかではすらすら出てくる知識も、セリフとなればなかなか言えない姿もあり、生きものの動きを表現するということもうまくできずにいることが続いていくなかで、繰り返しやっては、みんなで改善点を言いあい、図鑑でその虫の特性を調べ直したりする子どもたちは、悩みながらもいきいきとし、本番二日前にやっと全員が納得できる形になりました。

発表会当日は、緊張しながらも自分がすること、見ている人に伝えたいことをその子なりにしっかりと表現することができていたように思います。

おわりに

図鑑のなかの小さな実験紹介に疑問を持った子からはじまった今回の一連の実践ですが、子どものふとしたつぶやき、言葉にした疑問、やってみたいと思っている願望をおとなが少しでも拾いあげていくだけで、子どもたちは安心感を得て、自発的にどんどんと世界を広げていきました。また、それらのことを毎日のお便りのなかで細かく保護者に伝えていくことで、保護者も一緒に子どもたちのしていること、クラスのことに興味を持ち一緒に楽しんでくれる姿があり、保育者も子どもも保護者もみんな一緒にこの「研究」を楽しみながら継続していけたように思います。

実践④ 解説

図鑑と絵本がつながって広がる四歳児の世界

田代康子

◉子どもが生活の主人公

高見さんの実践では、子どもたちが保育園生活の主人公になっています。保育園でできることとできないこととの線引きをしている四月当初の子どもたちを見て、「したいことはみんなでやってみよう」と子どもたちの発想の転換を図ります。自分たちのしたいことができる生活を保障する、当たり前のことですが、それによって子どもたちは興味を深め、得た知識を仲間に伝え、さらに親にも教えたいと劇をするようになったのだと思います。

高見さんは、第五二回全国集会(二〇一三年)では、絵本『ターくんのちいさないけ』(福音館書店)を読んで「池、いいねぇ」と言った子どもたちの願いを実現させ実際に池を作り、『おたまじゃくしのチャム』(偕成社)を読んでその続きの話を読みたいという子どもたちと「ないから作ろう」とおはなしづくりをし、それを紙芝居にし、発表会の劇にした実践を提案しています(『季刊保育問題研究』二六〇号 新読書社、クラス便りなども含めより詳細にまとめたものは『子どもとつくる四歳児保育』ひとなる書房)。これも子どもたちが主人公になっていました。

◉「同じ床の上に立つ」と「指導」の統一

一九五〇年代に、保育問題研究会を創った畑谷光代さんは「子どもと同じ床の上に立つ」と言いました。子どもの目線で子どもが感じていることを知り、子どもの要求をとらえ、そこを基点に保育をつくろうということです。高見さんは、子どもの「本当かな?」のひと言を見逃さず、この言葉に込められた願い「試したい」をとらえ、「やってみよう」と一押ししています。まさに「同じ床の上に立つ」です。

畑谷さんの時代は、おとなの方針や指示にそって保育が進められるのが当然の時代であり、それだけに「同じ床の上に立つ」は画期的な指摘でした。二一世紀の現在、「子ども主体の保育」が過度に重視され、おとなとして子どもたちに要求する「指導」にためらいが生じるようになっています。けれども、民主的な主権者となる子どもを育てるためには、保育目標や計画、社会的決まり、安全など、おとなが子どもに要求する「指導」が不可欠です。現在求められるのは、「同じ床の上に立つ」と「指導」が統一された実践です。

高見さんの実践はそのひとつの例です。「先生が一番速そうなダンゴ虫を見つけようっと」、「残念！　捕まる直前に丸くなったからセーフだわ」など、他の子どもたちの参加やあそびの展開を意図して言葉を発しています。「こうするんだよ」と教えこむのではなく、「ちょっと年上の子」があそびをおもしろくしようと発したような言葉です。保育の目標を意識した「指導」であると同時に、子どもたちの目線＝気分にまさに合致した言葉です。だから子どもたちはそれにヒントを得て真似し、さらにそこから自分たちの作った新ルールへと広げていけたのではないかと思います。

◉図鑑による知識と物語のなかで生きる生き物とがつながる

興味深いのは、図鑑を見ているときにはダンゴ虫のように身体を丸くしたりはしないのに、物語絵本でダンゴ虫が丸くなったときに子どもがその場で身を丸めたことです。絵本や物語は文学作品なので、登場人物相互のかかわりあいのなかでそれぞれの喜怒哀楽の感情が描かれます。聞いている子どもたちは登場人物のダンゴ虫が感じるように感じて、動きたくなるのでしょう。

ダンゴ虫鬼ごっこでは、虫の生態どおりに動くことをルールにしています。鬼ごっこで逃げたり追いかけたりするうちに、生き物の生態の知識は単なる知識をこえて、他の生き物から身を守り、あるいは攻撃して自らが生き延びるためのものだと身体中で感じているのではないでしょうか。実際に虫を捕まえ飼育し、図鑑の知識と登場人物の感情が描かれる物語とがつながると、子どもたちのごっこの世界はさらに豊かになるのだと思いました。

◉子どもたちのワクワク感を育てる

「生き物研究室」は、保育室内の出入り自由なオープンスペースの通常のあそび用「コーナー」とは違って、入館証が必要な特別な場所です。この特別感は、クラス全員が生き物研究をしてみたいから生まれ、いつ入館しようかと興味を持続させる効果もあったはずです。

◉自分たちが知ったことを伝えたい、だから劇にする

生き物研究室の存続をめぐる話しあいを機に、自分たちが知ったことを親に教えたい、発表会で教えよう、遠い席の人にもわかるように伝えようと、子どもたちは考えました。「伝えるために表現する」という劇本来の考え方です。

実際に劇にするのには苦労したと高見さんは書いていますが、発表会の映像では、自分たちの伝えたい研究成果を知識とあそびから生み出された巧みな身体表現で堂々と演じ、一年間の子どもたちの楽しかった生活がこの劇に集約されているのがわかりました。

コラム

Ⅱ－①　絵本は「保育の導入の道具」ではないですよね……

西川由紀子（京都保問研）

●絵本は次の保育の活動の導入になってる？

わたしの大学では、三回生の夏休みに学生たちが初の保育所実習に出かけます。なので、直前の六月頃に、「指導案の書き方」の講義をして、「設定保育の実践」を授業進行の都合上ひとりわずか一〇分ですが、みんな体験してみます。その折、例えば、紙コップを重ねてロケットを制作をする学生は、宇宙人が出てくる絵本を導入に読むことにしていたり、牛乳パックでカエルをつくろうとしている学生は、一〇一ちゃんを読むことにしたりしています。緊張している学生にとっては、例えばロケットと宇宙人が出てくる絵本を読むと、その後、子どもたちに「紙コップでロケットをつくろう」と提案することがよりスムーズになるからです。

でも、実際の保育を見学していると、まれに、次の活動と関連した絵本が読まれることはあるものの、ほとんどの場合、なんの関係もない絵本が読まれ、そして絵本の時間が終わると、お茶を飲んで一息入れて、保育者からこれからの活動が提案されて、子どもたちはその気になって、活動に向かっていきます。絵本は絵本としてみんなで楽しんで、そのあと、その絵本とまったく関係ない活動に入っていくことに、子どもたちは何の違和感もないようです。

大きな保育の流れと実習生の設定保育の違い

絵本と関係ない活動に自然に入っていけるのは、保育者には毎日の積み重ねのなかでの、子どもたちとの人間関係があるからだと思います。それは別の表現をすると、この時期にこういう絵本を読もうという年間指導計画が、文字にされているかどうかは別にして、あるということです。二歳児クラスの春だから、四歳児クラスの秋だからといった感じです。今こんなところで楽しいあそびをしているから、この絵本があそびをふくらますヒントになるかなといった、途中で思いつく絵本ももちろんあると思います。いずれにしても、その直後に行う保育との関連ではなく、「こんな子どもになってほしい」という大きな願いのつまった保育目標との関連で、その日その日の気分にあった絵本が選ばれているのだと思います。次の活動の提案が、子どもたちにすんなり受けとめられるのも、同じ理由だと思います。

絵本を楽しむことを目的として、絵本を楽しむ!

ベテラン保育者が、手あそびで最後に「手はおひざ」になるのがいやで、「ひげじいさん」の手あそびのアレンジバージョンを楽しみながら、さいごは「きらっきらっきらっきら、エイエイオー!」と拳をあげるバージョンが好きだと言っておられました。手あそびは手あそびであって、子どもたちを静かにさせるための道具ではないということなのだと思います。絵本も、紙芝居も、手あそびも、うたも、それ自体が楽しく、繰り返し楽しみたいものだと思います。何かのために使うものではないと思います。

『おどります』（絵本館）を紹介してくれた保育者が、一歳児クラスでこの絵本を取り出すと、みんなが総立ちになって踊る準備をするのだと言っていました。一歳児の「待ってました！」と言わんばかりの反応に、絵本の力を思いました。その後に展開する何ものも想定しない、絵本として完結した楽しみ方だと思います。『だるまさんが』（ブロンズ新社）で、みんなが揺れるのも、同様です。一人で踊るより、みんなで踊る方が楽しいし、一人で揺れるより、みんなで揺れる方が楽しい。小さい年齢から、子どもたちは絵本をみんなで楽しむ方法を保育者に教えてもらって楽しんでいます。

●保育のなかでの絵本の位置づけ

保育のなかでの絵本の位置づけはいろいろあっていいと思います。『ぐりとぐら』（福音館書店）を読んでから、カステラのクッキングをするのは、読まないでするより、自分たちがぐりとぐらの気分になれると思います。ぐりとぐらの帽子をかぶってフライパンにカステラに見立てたボールを乗せて所定の場所まで走って戻ってくるリレーを設定保育として実施した学生もいました。子どもたちが大喜びだったと報告を受けました。導入のための絵本や手あそびがあった方がいいときもあるし、絵本から活動が生まれることがあってもいいし、絵本がなんの活動にもつながらないときがあってもいいし、それを、日々の子どもとの呼吸で判断していくのが、保育者の力なのだと思います。

コラム

Ⅱ-② すばなしの魅力

西川由紀子（京都保問研）

●保育者の出てくるおはなし

個性豊かな子どもたちいっぱいの五歳児クラスの朝の会での出来事です。子どもたちは「朝の会するよ」という保育者の声を聞きつつも、三々五々おしゃべりしをながら好きなことをしています。「今日な、先生朝夢見たんやけど、その話ししてもいい？」「いいよ」「あんな、先生な、夢のなかでもな、寝てたんや。そしたらな、先生の寝てる布団の横の壁を反対側からぎー、ぎーってひっかくみたいな音がしてな……」。子どもたち全員が保育者の顔をのぞき込み、釘づけになっています。絵本の場合も、最終は集中して楽しめるのですが、序盤ではまだまだごそごそしている子どもたちのこの集中力の高さに驚きました。

保育者自身の話は子どもにとってとても魅力的なのです。加用文男さんが男性保育者福本護さんのすばなしを紹介しています（加用、一九九〇）。

「ネズミの話」です。夜中にふすまをトントンと叩く音がするので、開けてみると、白いひげのネズミが立っていて、ネズミの結婚式があるから来るようにと誘います。天井裏に連れて行ってもらうと、そこに花飾りをつけた花嫁と花婿。花婿は最近なくなったと探していた福本さんの奥さんのメガネと福本さんのネクタイをつけていました。式の最中に猫が襲ってきてそれを退散させたことで、福本さんはネズミのヒーローになり、それ以降、一大事が起こるたび、夜中にネズミに起こされて、ネズミを助けるという一年以上続いたおはなしです。

先ほど紹介した夢の話の保育者は、その福本さんと同じ保育園の保育者。聞いてみると、その保育園の保育者には、出勤前の家庭での話、自分の子ども時代の話などを含めて自分の登場する話をする人がとても多いのです。園の文化のひとつなのでしょう。

●人はおはなしを語り継いで生きてきた

柳田國男は、『口承文芸史考』のなかで、夢の語りに触れています。そのなかには、福本さんの夢と同じく、動物が話しかけてくる夢も紹介されています。人は不思議な夢の体験を話さずにいられないし、それはおもしろい話であるほど、聞き手の記憶に残り、語り伝えられたということです（柳田、一九四六）。先ほどの保育者が主人公になったものがたりも、子どものこころをとらえたから、続き話になり、加用さんにも伝えられたのでしょう。

人はそもそもおはなしが好きなのだと柳田國男は言っています。大きな戦争があると、帰還兵士の見聞談が、本人やその受け売りでいろいろな家の炉端を賑わし、そうした事件がないときにも、高齢になった人がその土地の古い出来事を語ったり、旅や探検、偶然出会った事など、一部の人しか知らないことを語り伝え、口で語って耳で聴くという説話の形式で、話を共有してきたのです。その多くは、すっかり忘れ去られてしまうのですが、いくつかは、語り継がれるものとなり、今に伝わる物語になっています。

そうして語り伝えられた物語を集める仕事をした代表的な人に『いないいないばぁ』(童心社)の松谷みよこがあげられます。『現代の民話』(中公新書)には、戦争に行って帰ってくることのできなかった兵士の霊が帰ってきた話、公害の発生をカッパが知らせた話などが記録されています(松谷、二〇〇〇)。近年では、東日本大震災の後、石巻のタクシードライバーが霊魂と直接対話した記録があります(金菱、二〇一六)。いずれも、忘れ去ってはならない出来事だったのだと思います。

エリアーデは、シベリア強制収容所で、他の棟では毎週一〇人から一二人が死んでいったなかで、毎晩、老女が話すおとぎ話を聞いていた棟では、住んでいた一〇〇人ほどの収容者全員が、生き延びることができた事例を紹介して、物語やおとぎ話を聞くことが人間にとって実存的に必要なのだと述べています(エリアーデ、二〇〇五)。おはなしの続きを聞きたいという意欲が生きる希望となったのでしょう。人は、現実のみで生きているのではないのです。

声を通して聞くことのたいせつさ

一歳児がYoutubeを使って、物語を楽しむことが珍しいことではなくなりました。けれども、一方的に語られる言葉ではなく、聞き手の呼吸を感じて、聞き手の言葉を受けて語られるおはなしを聞くことは、聞く力を育む重要な場面だと思います。そして、そうした経験は生きる世界を、想像によって高く、深く、広げることを可能にする力を育むのだと思います。

〈引用文献〉

・加用文男（一九九〇）子ども心と秋の空　ひとなる書房
・柳田國男（一九四六／一九七六）口承文芸史考　講談社学術文庫
・松谷みよこ（二〇〇〇）現代の民話　中公新書
・金菱清編（二〇一六）呼び覚まされる霊性の震災学　新曜社
・ミルチャ・エリアーデ（奥山倫明／訳）（一九八六／二〇〇五）象徴と芸術の宗教学　作品社

Ⅲ

さまざまな劇あそび・劇づくり

[実践と解説]

❺…おもしろい！　あしたもしようね！（二歳児）
～ごっこの世界を豊かに～

磯保智子（兵庫保問研）

園の概要

むこっこ保育園は、兵庫県尼崎市にある、開園三七年目の産休明けから就学前までの定員六〇名の保育園です。周辺はマンションや住宅が建ち並び交通量も多い環境ですが、安心してあそべる場所を求めてお散歩に出かけています。

クラスのようす

二歳児クラス、女の子三名、男の子一〇名、計一三名。一時保育の子どもも週三～四日保育しています。担任三名（うち一名は一時担当をするフリーの保育者）。月齢差があり発達がゆっくりの子どももいましたが、○歳児クラスから一緒に育ってきた子どもたちです。

はじめに

子どもたちはそれぞれが自己主張し、泣いたり笑ったり賑やかです。元気いっぱいですが、じっとしていられずおとなを手こずらせる毎日でした。この一年は、〝友だちと一緒に楽しいことをいっぱいしよう！　そしてみんなで大きくなっていこう〟心も身体も育っていけるように、

・みたて　つもり活動を豊かに展開し、仲間と楽しくあそぶ子どもたち。

・生活やあそびのなかで〝モットヤリタイ〟と意欲をもち、達成感を感じられる集団に。

を、保育目標としてきました。

おもしろいことをいっぱいしよう

春の頃から変化するいろいろな素材に触れ、みたてつもり活動を楽しみました。

粘土であそんでいたら絵本『ぎょうれつ　ぎょうれつ』（徳間書店）のように「これ、お餅！」とたくさん並べて「おもちのぎょうれつやねん」。「へぇー！　すごいなぁ」と共感しているとつぎつぎに「これなぁ……アメのぎょうれつ！」「おだんご！」「ドーナツ！」と、いろいろな行列ができ、何かが並んでいるのを見ると「ぎょうれつや！」が流行しました。

あるとき、散歩先でクローバーを見つけた子どもが「アリさんの傘や！」「ほんまや！」とみんなに響きました。また、折り紙あそびをしていて三角に折ると「傘や！」と傘にみたてたあそびがはじまり、作ったものであそぶ楽しさもみんなで味わっていきました。

年長が園庭でカレー作りをしている様子を眺めていました。玉ねぎ、人参、じゃがいも、お肉、えびなど大きなお鍋のなかにつぎつぎと具材が入るのを見て「すごいー」「いっぱいやー」と釘づけになりました。

そこで、プールあそびで野菜や肉になって「じゃがいもさーん」と呼ぶと「はーい」、「にんじんさーん」「はーい」とドボン～ドボン～と飛び込んだり潜ったりして、プールをお鍋にみたててぐるぐる回りグツグツ煮ました。このおいしいカレーごっこもおもしろくてみんなで大笑いでした。

子どもたちは生活経験したことを、友だちと楽しみ「先生も一緒にあそぼう！」と誘ってくれ、あそぶ楽しさを共有してきました。

散歩に行ったとき、ドングリが排水口でクルクル回っているのを見て「ぐるぐるまわれしてるなー」と言って歌の輪が広がったり、台風の翌日、川の様子を見て「川がザンブリコー、ザンブリコー言うてるな！」「滝みたいや」と、子どもたちは、何でも見たことや感じたことを伝えてくれるようになり、おもしろいなーと子どもの言葉に耳を傾けました。

ひよこごっこはおもしろい

生活を再現したごっこあそびだけでなく、絵本『一〇ぴきのかえる』（ＰＨＰ研究所）や『きつねのおふろ』（偕成社）など絵本の世界でもあそんできました。発表会では紙芝居『ひよこのろくちゃん』（童心社）に取り組むことにし、ひよこ・黒猫ごろべえの役割りをみんなの共通イメージにしていきました。

「ひよこちゃんもおもしろいけど、ごろべえもやりたい」と、しばらくごろべえごっこが続きました。そしてひよこになって散歩したり、探検ごっこをしたり、毎日のように即興的なごっこが続きました。

あそびをいくつか紹介します

＊散歩をしていたら畑を見つけて、「トマトー、大根やー、お芋！」と食い荒らしおもしろそうにあちこち動きまわってうそっこで食べています。担任の一人が畑のおじさんになり「勝手に食べるな！」と言うと、いたずらひよこたちは「食べたかったんだー」「ミミズを探してたんだ」と威勢のいいこと。おじさんに謝りお母さんにミミズのおみやげをもって帰りました。

＊お母さんがひよこたちに飛び方や危険が迫ったときは丸くなることを教えました。

ミミズ取りに行こうと一列に並んでピーピー賑やかに歩いていると、わざとひよこの列から外れているのです。「あら！　ちゃんと並んでね」とお母さんに言われておもしろがっていました。

ひよこになりきって楽しそうです。

＊リズムが終わると日課のように子どもたちが先に部屋に戻り、隠れて担任を待っているので、今日は「あれ？　子どもたちどこかしら？」と部屋から出ました。

代わりに入って来たのはごろべえです。怖くて小さくなるひよこたちは「もうダメ！　食べられる」と思ったときにお母さん登場です。するとみんなでごろべえに必死に訴えるのです。「ひよこを食べてもおいしくありません！　お餅の方がおいしいです」お餅をあげて帰ってもらいホッとしていました。

ひよこごっこに取り組んでいくうちに子どもたちは、ひよこのろくちゃんのように、いたずら好きで元気がよくて甘えん坊の役柄がイメージできたように思いました。にわとりのお母さんとひよこたちも集団として深まってきたように感じました。

飽きもせず子どももおとなもごっこを楽しみました。

ごろべえどこに行ったのかな？

たまにしか姿を現さないようにしていたので、毎日の話題は「ごろべえはどうしているのかな？」です。保育者が「今までは食べられずにすんだけれど捕まえられたら怖いねー」と話しました。すると、絵本のなかに出てきた「『ベロベロバアー』の怖い顔をしたらいい」「しっぽをツンツン突いたらいい」と言うので、「じゃあ、やってみようか？」。子どもたちの「ベロベロバアー！」は、おもしろくて保育者たちは大笑いしました。

また、絵本『わんぱくすずめのチック』（新読書社）で猫を突っついて追い払う場面があり、ひよこたちもヘビのしっぽをツンツン突っついたりくすぐって追い払い、子どもたちはごろべえに負けない！　とやる気満々です。しかし、「あれ？あの声は……ごろべえや！」のシーンに。私は心のなかで、本番はごろべえに何をするやろ？と楽しみになりました。

みんなで力をあわせて

今までひよこになって、かくれんぼ・遠足・お買いもの・散髪・病院ごっこ……飽きずにあそんできました。黒猫ごろべえはお腹を空かせてときどき現れる怖い存在です。姿が見えず鳴き声だけでも怖くて泣きそうになるくらいです……でも気になる。そんな存在になりました。あるときは「エイエイオー！　言うたら逃げるかも」と大声作戦が成功したり、ひよこよりお餅の方がおいしいからとお餅を食べさせてうまく切り抜けてきました。

発表会一週間前になりみんなで共通の認識をもてるようにあそんでいきました

五日前　“魚をぶら下げている家を発見”

ごろべえの家を作ったので、そっと置いてみました。はじめて見せるのでどんな反応をするのか？楽しみでした。

家を見つけた子どもたちは、「魚があるからごろべえや！」と言うので、

保「誰か見てきてー」

子「こわい！」「みんなで行こう」

と言うのでソ～ッと行きました。

子「誰の家ですか？」

と声をかけましたが、留守で走って戻ってきました。ドキドキして怖かったわーと口々に言ってました。

四日前　“かえるさんから教えてもらったよ”

ミミズ取りに行く途中にカラスさんが、かえるさんの手紙をもってきてくれました。「ミミズは雨が降った次の日に、ジメジメした地面から出てくるよ。ごろべえを見かけたら気をつけてね！」と書いてありました。

みんなで納得していると「雨が降るように歌ったらいい！」と言うのです。

保「そうやねー。何がいい？」

子「かえるのうた！」

以前、かえるごっこをしたときによく歌った「かえるの合唱」を元気よく歌っていました。

残念ながらこの日は雨が降らずガッカリでした。

二日前　〝近くの神社に頼みに行きました〟

「ミミズ捕りに行くので雨を降らせて下さい」とお願いしました。すると本物のカラスが倒れているのを見つけて大騒ぎ！　慌てて帰ってきました。そして、「これはチャンスだ」と思って急いでカラスからの手紙を作り、子どもたちに読んで聞かせました。

「れんげさんの大騒ぎのおかげで目がさめました。ありがとう。ごろべえは魚を釣りに行き、海が荒れて魚が釣れず怒って帰ってきました。お腹がペコペコだから気をつけるようにね。ごろべえが、僕にとびかかってきて怖かったよ」と言うと、みんなはドキッとした顔で聞いていました。ちょうどおやつ前に「アッ！　雨が降ってるわ！」。偶然ですが、本当に雨が降ってきて、子どもたちは、ミミズ捕りに行けると大喜びで、本番に向けて期待がもてるようでした。

前日　〝みんなでがんばろうなー〟

絶好のミミズ取り日和でしたが、お休みの子どもがいるので、明日に延期しました。最近ごろべえを見かけなくなったと思っていたら「お腹が空いてるから食べてやるぞ」と手紙がきました。

もう逃げられないので子どもたちと作戦を相談しました。

どうしても逃げないときは、お餅を食べさせることになり、うそっこで〝干しエビ入りの美味しいお餅〟を作りました。

明日はミミズをいっぱい取ること、ごろべえがきてもみんなで力をあわせることを約束しました。

当日の子どもたち

幕が開くとたくさんのお客さんにビックリしました。そのなかでごっこの世界に入っていけるよう舞台上で、お母さんを見つけ手を振り「見ててねー」と確認しました。

お母さんのことを気にしながらも「ひよこちゃんになーれ」のおまじないで、ごっこに入っていきました。

ひょっとしたら?と怖くて近寄れなかった家をひとりで見に行ったり、以前なら姿が見えなくても怖くて泣いてしまう黒猫ごろべえに対して、勇気を出して向かっていき、びっくりしました。

本当はごろべえが怖いけれど、みんなと一緒だから頑張る、一致団結している姿がありました。

ごろべえにお餅をあげて、喉に詰まったら水をあげる優しい姿や、ベロベロバアーもやっていました。この日のごろべえはひよこに負けじとお餅をたくさん食べるので、ひよこたちがどうするか！　母さん鳥はドキドキでした。

会場の雰囲気もひよこたち負けるなーと後押ししてくれたようで、やる気満々でした。「ひよこたちの勝ちゃー」と言った一言に、〝みんなで頑張ってよかった！　ごろべえをやっつけて嬉しい〟という達成感が伝わりました。ミミズもたくさん取れてよかったと思います。恥ずかしくていつものようにできなかった子どもも、ごろべえに対してみんなと一緒にやっつけ晴れ晴れした顔で私たちも嬉しい思いでした。

おわりに

当日は保育者も緊張して子どもたちの言葉や思いを、受け止められたか反省はありますが、「オモシロカッタナー」という子どもたちの言葉に共感しました。

発表会が終わってからもごっこは続き、自分たちで役を交代しながらお母さん・ひよこちゃん・ごろべえを楽しんでいます。そして描画でも心に残ったことを絵とおはなしで伝えてくれました。

「ひよこごっこしてておお母さん見てるの。お餅食べてるから。ひよこちゃんごろべえにお水あげてるの。かえでがなーお餅あげようっていうたから。だって喉に詰まったらあかんから。りくもあげてん。ごろべえお餅もっと、もっと。言うとってん。お餅あげてん。手だして食べとってん。みんなでエイエイオーしてな、ベロベロバーしてん。ごろべえもっと、もっと言うとってん。ごろべえ怖くなかった。だって、ゆうがが大きな声だしたから。ひよことごろべえごっこ楽しかった。ミミズをつかまえてスープにするの」

ほんとにそうだったよねーとみんなで共感しあいました。

こうして仲間とみたて・つもりの世界を共有してあそべるようになった子どもたちは、話し言葉も豊かに育っていきました。

仲間とともに楽しくあそび、ごっこあそびの世界を広げていけるよう保育者も楽しいと思えるような取り組みをするためのはたらきかけや援助も、大切な役割だと思いました。そしてこれからも、子ども同士をつないでいけるような楽しいあそびをしていきたいと思います。

子どもたちは何でも「ミンナデー」と仲間と一緒が楽しいし、一人ひとりが大きくなった自分を感じています。取り組みを通して集団として深まってきたことも大きな成果となりました。

実践⑤ 解説

子どものあそび心に寄り添い膨らませた〝おはなしごっこあそび〟

徳永満理

◉はじめに

磯俣さんの勤務するむこっこ保育園は、兵庫保問研で実践研究をする仲間の多くいる保育園です。特に〝ごっこ・劇あそび・劇づくり〟については、園の中心的保育テーマとして実践しており、研究会に提案し会員の実践を励ましてきました。そのあそびを中心的に進めてきたのが磯俣さんで、どの年齢の子どもたちからも磯ちゃんと慕われ、あそびのおもしろさを子どもたちと共有してきました。そんな磯俣さんが二歳児とあそんだ〝おはなしごっこあそび〟の実践です。

◉体験からの〝みたて・つもりあそび〟を満喫する子どもたち

春、磯俣さんは〝おもしろいこといっぱいしようね〟と、体験したことをみたて・つもりあそびに発展させる保育を中心にしています。想像力が育ちはじめた子どもたちからは、絵本体験や散歩、プールなどの活動から、みたて・つもりあそびが自然に出てきたのでしょう。そのあそびに寄り添い、子どもたちから出た自由な表現に、油を注ぎ火をつけてあそびのおもしろさを体感させています。言葉の数が増え意味の理解も進む二歳児にとって、体験したことを身体で表現することで、より確かな言葉理解につながりおもしろさが増幅することになる、みたて・つもりあそびはなくてはならないものです。磯俣さんはそんな子どもたちに〝モットヤリタイ〟という気持ちを引き起こし、いろいろなあそびをふくらませています。年長さんのカレーづくりを見たことから、プールのなかでカレーの具になってのごっこあそびなど、保育園らしいあそびです。子どもたちはさぞおもしろかったことでしょう。

◉〝日常のごっこあそび〟から、〝おはなしごっこあそび〟を楽しむ子どもたち

春から取り組んできた〝体験からのみたて・つもりあそび〟は、秋をすぎるころには、単に生活を再現したごっこあそびだけでは物足りなくなり、絵本を読んでもらったあと、その世界をごっこにしてあそぶようになっています。子どもたちは、『ひよこのろくちゃん』の紙芝居と出会い、生活発表会で保護者に見てもらおうと取り組みはじめます。そのなかで、おはなし劇ごっこあそびに進化していくプロセスがおもしろいのです。登場するひよこと黒猫の対立のストーリーですが、はじまりは、子どもたちは安心してなれるひよこになって、飽きることなくいろいろなごっこあそびをします。そのあそびにはたまに、ごろべえが現れるようになりドキドキ感が高まっていきます。つまり磯俣さんは、ごろべえをあそびのなかに取り込んで、おはなしごっこあそびとしてあそびを発展させていきます。子どもたちは、ひよこになっていろいろなあそびをしながら、ひよこの性格や役割も意識するようになると同時に、対立するごろべえの存在も大き

くなっていきます。

発表会の一週間前になると磯俣さんは、ひよこになった子どもたちの関心が、もっとごろべえに向うように、手紙を送るなどの仕掛けをして期待感を高めていきます。こうして発表会当日、怖かったごろべえをみんなで乗り越えた子どもたちにとっては、保護者たちの大きな拍手に包まれて最良の一日になったことでしょう。

◉おわりに

磯俣さんの〝おわりに〟の項で、発表会後にもあそびは続き、自分たちで役を交代して楽しんでいるとありますが、子どもたち自身がごろべえにもなっているというのです。このことは、〝おはなしごっこあそび〟をすることが、子どもたちにとってとても大きな意味があることを示唆していると思うのです。

二歳児は、日常の生活やあそびをベースとしたストーリーのある絵本を求めはじめるのですが、まだ、おはなしとして十分に楽しめているかというとそうでもないのです。鬼やおばけなど怖いものが出てくると、おはなしの世界のこととして割りきれなくて本当に怖いのです。でも、そのおはなしのなかの出来事をごっこしてあそんでいるうちに、その怖さも乗り越えて、絵本のおはなしを心から楽しむようになるだと思います。みたて・つもりあそびやごっこあそびの楽しさを満喫することの大切さが伝わってきました。

❻…ごっこあそびから劇あそびへ
～演じる楽しさを発見～
（三歳児）

瀧本智子（兵庫保問研）

園の概要

おさなご保育園は、兵庫県尼崎市北部に位置し、開園三六年目。産休明けから就学前まで、定員本園六〇名、分園二〇名です。周りは住宅街ですが、隣にお寺や公園、細い路地裏などがあります。

クラス編成

三歳児クラス、女子九名、男児六名、計一五名。担任一名は二歳児より持ち上がり。アルバイトの保育者が副担任。第二子、第三子が多く、身体を動かすこととごっこあそびが大好きな、賑やかなクラス。絵本も大好きなのですが、じっくり考えたり、発見したり…など深めること、クラスで響きあうことに難しさを感じていました。また、配慮のいる家庭、配慮のいる子が多くいました。

一年間のあそび

豊かな生活体験をする、みんなで楽しかったと共有したことは余韻を楽しんであそびへつなげることを大事にしてきました。

【春】ヨモギ、たんぽぽ、ドクダミをあちこち探す日、ひと駅向こうの大型遊具がある公園をめざす日など二〜三キロ歩いて散歩に行きました。楽しみながら歩くことを大切にしました。ヨモギは天ぷらや団子にして食べ、ドクダミはお茶にして夏の間飲みます。

絵本では『おかいものおかいもの』（ひさかたチャイルド）を楽しんでいたので、スーパーマーケットをすることになりました。牛乳パックやバターの箱、カレールウの箱など給食室や各家庭が協力してくれて、たくさんのものが集まりました。

子どもたちは、キュウリは新聞で形を作り、色紙を貼っていきます。たまごは紙粘土で丸く。固くなれば、卵の透明のケースに入れて販売します。保育者は、ハムはフェルト、パンは大型スポンジを切って。レジと、スーパーの袋、お金（厚紙で丸く切ったのも）を準備し、幼児クラスのごっこあそびの日に開店!!　あっという間に品切れに。回収された品物をまた並べて再開です。

日常に経験するお買いものと絵本の世界での共有、それを真似して楽しめるごっこあそびが楽しくクラスで共有できたごっこあそびになりました。

【夏】おさなご保育園では、三歳児が夏に園内で一泊二日のお泊り保育をします。金曜日、午前中クッキングで夕食のカレーを作り、夕食を食べたら、近所のお風呂屋さんへ行きます。その帰り道、公園で花火をし、大きなスイカを切り分けて食べます。寝る前には、みんなで漬けた梅ジュースを飲んで、絵本を読んでもらって寝る。翌朝、七時半にはお迎えです。

このお泊り保育のときにみんなで行ったお風呂屋さんが楽しかったので、保育室ではお風呂屋さんごっこが大ヒットしていました。ホックブロック、プチプチなどのおもちゃをつなげて、部屋中に広がる湯舟です。番台まで出ています。お風呂屋さんで湯船に色がついていたのですが、ホックブロックなどのつなげるものをその色ばかりにして色がついていると、イメージを共有してあそんでいました。そこで、幼児グループで、プールを泡や色づけし、のれん、番台を作り、大きなお風呂屋さんごっこへと発展しました。

プールあそびでは、水を怖がる子がいませんでした。遅い夏の訪れの年で、プールが楽しくなったのは七月下旬でしたが、待ちかねていたかのように、潜ったり、飛び込んだり、年長さんの真似をしてバタ足をしてみたりと楽しみました。

【秋】運動会を終え、自信がついた子どもたちでした。食卓の準備も、おひつからご飯、お鍋から味噌汁をよそうことも取り入れていきました。他にも、雑巾がけもはじまりました。新しい子ども用のサイズに作ってもらった真っ白な雑巾を絞って、あちこちお掃除。「うわ～こんなに黒くなった」と誇らしげに見せてくれます。お誕生日クッキングで作ったお好み焼きを造形活動にも取り入れ、全体ごっこの行事には〝お好み焼き屋さん〟を開店させ楽しみました。丸い段ボールに薄い黄色の折り紙を貼り「みどりいれるわ。ねぎ」「ちゃいろはちくわやで」とちぎって張り付けて彩りも追加。

具材はフェルトで作ったエビ、豚、イカです。マジックテープをつけて置き、お客さんの注文で豚玉、イカ玉、ミックス玉などを黒い厚紙鉄板の上でくるっとひっくり返す手つきはさすが!!

【冬】鬼ごっこが大好きで、散歩＝鬼ごっこでした。なかでも、オニの家、ふやし鬼が好きで、保育者も本気で走らないと、つかまってしまうほどのスピードと、作戦を考える力や協力する力も育ってきました。

身体づくり、ごっこあそび、生活づくり、集団づくり、リズム、絵本、クッキングなどを保育の柱にしながら、一年間保育をしてきました。

発表会題材決め

冬、一月に入って全員がそろった日に生活発表会の相談をしました。おさなご保育園の生活発表会は三月第一週の土曜日です。〈生活発表会って知ってる?〉と問いかけると「え～?!」「あ、ぶたしたやつ?」〈そうそう!!〉「あ、オオカミもしたな～」「さんびきのこぶた」「あ～そうやった」と二歳児クラスのときを思い出し、ひとしきり思い出話になりました。〈今年は何にしようか?〉と言うと、その頃に読んで楽しい絵本が何冊か出たのと、昨年の三歳児がした作品も出ました。憧れをもって見ていたのでしょう。

「おたまじゃくしの一〇一ちゃんはりんごさん（四歳児）がしたやん」「いっしょはいやや」と言うので、〈一緒でもいいよ〉と伝えても、「嫌やな～」と言うし却下の雰囲気です。提案した子もうんうんとうなづいています。「じゃあ」と、子どもたちの言った絵本を全部集めてみると、何冊か一〇ぴきのかえるシリーズが候補にあがっています。ぎろろんやまは入っていませんでした。輪になって絵本を見ながら「う～ん……」「ぎろろんやまは？……」と一人の子がポツリと提案し「あ～～～!!」「ほんまや」「それがいいわ」と一気に一五人が一致。その作品忘れていたわというかのようにです。担任も、この『ぎろろんやまと10ぴきのかえる』（ＰＨＰ研究所）を題材にしてはと思っていた一つでしたので内心ほっとしました。

ごっこあそびが一か月

全員が納得しているので、あそびに向けるパワーのすごいこと。「カエルしたい」と言い毎日することがつづきました。〝カエルしたい〟とは通称で、ぎろろんやまと一〇ぴきのかえるに関するあそびがしたいということでした。あそびはじめて一カ月はおはなしの筋とは関係のないあそびでした。カエルは、草原であそんでいる日や池で泳ぐ日、家のなかでお料理…コウモリは飛び回り、そのまま鬼ごっこになる日もありました。もちろん、怖いコウモリが鬼で、逃げるのはカエル。コウモリにタッチされるとなぜか、カエルはコウモリになり…どんどんコウモリが増えるのです。

こうして、さまざまな日がありますが、まず、カエルやコウモリになってあそぶことを楽しみ

ました。自由にあそぶなかで、「コウモリって何食べてるんやろう?」「どうやって寝てるんやろ?」「お家どこ?」など疑問が出てきました。

調べてあそんでを繰り返し、カエル、コウモリが少しずつ〝らしく〟なっていきました。

その後、〈年寄りガエルってこんな感じ?〉と杖を新聞紙で作り、年寄りガエルごっこ、赤ちゃんガエルごっこと登場する一つひとつのカエルになってあそびました。

ここまでくると、子どもたちの大好きな場面から筋を作ってのせていくと「なんか楽しい」「わかるな〜」と、あそびの質が変わってきました。

カエルへの疑問

『ぎろろんやまと10ぴきのかえる』(PHP研究所)の絵本には、かんガエル・ひっくりガエル・しょげガエルなど、いろいろなカエルが出てきます。

ある日、絵本を読んだとき、裏表紙に一〇ぴきのカエルが並んでいる絵を見て「あ〜、かんガエルや」と発見。〈かんガエルのとなりは?〉をみんなで考えても、あとの九ひきはよくわからなかったのです。「他のカエルのやつ、みてみたら?」とある子が言ってくれたので、園中の一〇ぴきのかえるシリーズの絵本を集め調べました。そして、「先生読んで」というので、全部読んでみました。「これはひっくりカエルやろ

〜」「しょげカエルやで」と絵本の中に出てくる名前のあるカエルはわかったのですが、10匹全部に名前のないことがわかりました。〈お母さんお父さんガエルはいないのかな?〉と言うと、「うん、おらん」「だって、大きさ一緒やもん」と。「じゃあ、みんなで作ったらいいやん!!」と、さまざまなカエルを名前だけでなく、個性（表現）も考え出しました。

「元気ガエルはとってもジャンプ」「強ガエルは先頭を歩く」ほかにもたくさんです。ただ考えているだけではなく、「病気ガエルが『しんどいよ〜』って言ったら?」「『だいじょうぶ?』って言うのはやさしガエルにしたらいいやん」と、役割やセリフまで考え出していきました。

自分の演じているキャラクターがはっきりすると、表現しやすく、同じ場面でも「つぎは○○ガエルしよ〜」と一五人が交代でいろいろな役をするのでエンドレスにあそびが続きました。

セリフは、基本的には自由に言っていました。おはなしの筋を進めようとすると必ず必要な言葉はありますが（例えば「しゃっきり茸をとりに行こう」）、あそびこんでいくうちに、言いやすい言葉（関西弁など）になり、子どもたちの言いやすい言葉に淘汰されていく感じでできあがりました。

子どもたちが言いにくそうな場面は、おとなも役になってあそぶなかで、実際に使って浸透していく感じです。こう言ってねと、子どもたちに教える、伝えることはせずに、一緒にあそぶなかでおとな自身も楽しんで演じることで、演じかたやセリフも子どもたちに伝えていきました。

知っているけど知らない

絵本を読み込んでストーリーを十分に理解していた子どもたちです。病気ガエルのためにしゃっきり茸を取りに行くけれど、場所を知らないので、長老に聞きに行くという筋ですが…。劇あそびのなかでは長老に聞きに行く前に「しゃっきり茸を取りに行こう」「しゅうぱつだ～」と勝手に行ってしまうことがありました。あそぶのを中断し、相談しました。

〈カエルちゃんたちは、しゃっきり茸の場所は知ってるの？〉と問いかけると「知ってるで～」「え～知らんで～」と二手に分かれました。そこでもう一度絵本を読んでみようと読みました。「あ～おしえてもらわなあかん」と全員がわかりました。子ども自身は知っているけれど、カエルは知らないから〝知らないフリをする〟ということをあそびこむなかで、考えあうことができました。

三歳児はごっこあそびから、劇へ少しだけ入り込める、劇の芽のようなところを目指していました。このことをきっかけに、演じることの楽しさを感じ、劇あそびへと発展していきました。

歌もつくろう

昨年の発表会で、三歳児が劇あそびのなかで　♪ちろちろぱっぱ～ちろぱっぱ～　お～たまじゃくしはカエルのこ～　しっぽをふりふり　ちろぱ～ぱ～♪　という歌をうたって池を泳ぐ表

現が可愛く、楽しい場面でした。「りんごさんとおなじはいや」と言っていた子どもたちでしたが、この歌をうたって池に見立ててあそぶ姿が見られました。憧れやうたいやすさ、楽しさが、保育園の文化だと微笑ましく思いましたが、おたまじゃくしは出てこないので、みんなの歌をつくろうと子どもたちに投げかけ、子どもたちが自然に発している言葉、好きなセリフや言葉を聞き取り、担任がつくりました。すると「いいかんじ〜」「うたいやすい」と喜んでくれ、劇あそびのなかに取り入れていきました。

ほかにも、大道具や小道具の、しゃっきり茸（一人ひとつずつ）や、ぎろろんやまは土台を担任がつくり、みんなで色紙を貼り、背景は絵具の色づけをみんなでしました。

生活発表会当日

役決めは一週間前にしました。「先生は見てたらいいから」「ナレーターだけして」と子どもたちから言われました。十分あそんできていたので、子どもたち自身もやりきれる自信があったのだと思います。担任も子どもたちだけでできるのではと信じていましたので、そうしよう！　と任せました。途中、セリフを間違ったり素に戻る子がいたりして、友だちを注意したりするところもありますが、なんとか筋に戻してみんなで進めようとする団結力がありました。

クライマックスでは、相手の動きにあわせて間あいもつくり、引き際もつくっていました。

カーテンコールの誇らしい顔と伸びやかな声が、自分たちでやりきった達成感を感じさせていました。

発表会をおえて

三歳児としては、ごっこあそびから少し劇に。劇の芽をと位置づけ、ねらってあそびをふくらませてきました。役割を一定理解して演じることを楽しみ、友だち関係が豊かに結ばれた取り組みになりました。一年間のなかでさまざまな経験をすることで、身振りに臨場感が出たり、自然と言葉が出てくることを感じました。ごっこあそびがあまり好きではない数名の子どもたちも、この取り組みのなかで少しは楽しくなっていきました。みんなで考え、あそびをつくりあげていく取り組みは、一人ひとりの自信となり、集団の質的な変化を起こしていくことを感じました。

誇らしげに四歳児へと進級した一五人でした。

※注　子どもの発言は「　」に、保育者の発言は〈　〉にしてあります。

実践⑥ 解説

劇ごっこあそびから劇あそびへと発展した三歳児のあそびから見えてくること

徳永満理

◉はじめに

瀧本さんの勤務するおさなご保育園は、絵本の読み聞かせ、食育、健康教育を三本の柱に、ごっこあそびやリズム運動、クッキングなど、生活とあそび通して、子どもたちの一日が楽しいものであってほしいと取り組んでいる園です。瀧本さんはこの園の中心的存在で、保育リーダーとなっています。

また、兵庫保育問題研究会でも実践研究に参加し、自身も実践を出し共に学びあっています。

◉題材は三歳児も子どもたちと話合って決めることの意味

瀧本さんは生活発表会が近づくと、どんな絵本であそびをするのかを子どもたちに問いかけています。子どもたちは二歳児のときのことを思い出したり、その年の三歳児や四歳児のあそびにまで言及しています。一年前のことなのですがいろいろと発言しています。引き出し方も上手なのでしょう。結果、『ぎろろんやまと10ぴきのかえる』に決まるのですが、三歳児もしっかり意見をもっているし、それを保育者に聞いてもらい、一丁前に扱ってもらうことが嬉しいのです。そのことが、あそびのエネルギーにつながるのだということを、瀧本さんが了解してのことだと思います。

◉ごっこあそびをたっぷりすることの大切さ

題材がきまりいよいよ絵本を読んではあそぶというあそびがはじまります。瀧本さんは一カ月も絵本からのごっこあそびをしています。ふりかえると、一年間のあそびの中心はごっこあそびであることが、冒頭の四季折々のあそびの内容からわかります。また、瀧本さんは二歳児クラスからの持ち上がりなのですが、きっと、その一年間もごっこあそびはあそびの中心だったことでしょう。そのことにより、ごっこあそび大好きな子どもたちに育っているようです。あそべばあそぶほど、あそびはエンドレスで盛り上がり、〝らしい〟表現になっていき、とうとう、あそんだ場面を筋に乗せていくところまでにたどりついています。劇ごっこあそびから劇あそびへとあそびの質の変化がおとずれたのです。このことからは、ごっこあそびの大切さをあらためて実感するものです。

◉あそびの質の変化から絵本の読み取りの質の変化へ

おもしろいのは、おはなしは、おはなしであって、いざ、自分たちの体と心を通してつくる劇あそびは、筋を運ぶだけでは進んでいかないことを三歳児たちが理解しはじめたことです。

瀧本さんは、劇あそびをするなかで子どもたちから出てきた疑問や矛盾を、絵本の読みを深めながら解いていきます。そうしたなかで〝知っているけど知らないふり〟をするという三歳児の発見は、とても深いと思います。自分のやりたい役になってあそぶことにより、より〝らしく〟演じようという要求が生まれ、それぞれの役を遂行しようとすればするほど矛盾が生まれる。その矛盾を克服するには、より深く物語の読みを深めることが要求されてくる。三歳児であったとしても、そんな劇あそびのおもしろさを楽しむようになるのだと感じました。

◉さいごに

役決めは発表会の一週間前にしています。そのとき、子どもたちの方から「先生は見てたらいいから」「ナレーターだけして」という要求がされています。これには驚きです。たいていの場合、三歳児は保育者も役の一つを担って、子どもたちと一緒に舞台に乗るのが通常だと思うのですが、子どもたちだけで劇あそびをするというのです。瀧本さんも驚いたことでしょうが、子どもたちと二年間つちかってきた信頼関係は絶大だったようです。子どもたちの言葉を受け止め信じ、子どもたちだけの劇あそびに挑戦させ、やり遂げたということです。保育者に信頼され、自分たちの劇あそびを達成したのです。さぞ喜んだことでしょう。

また、保護者たちが子どもたちへの信頼を深めただろうことも想像がつきます。幼児期後期に向う三歳児へのあそびのあり方について示唆的な実践だと思います。

❼…おはなしの世界を身体で楽しむ子どもたち

～『おおかみと七ひきのこやぎ』をとおして～（四歳児）

甲〆由利子（大阪保問研）

園の概要

私の勤務園は大阪の繁華街の近くにあり、自然に恵まれてはいませんが、プランターで草花を栽培したり、いろいろな生きものを飼育したりして、少しでも自然に触れあえるように工夫しています。また地域の特性から、外国籍の保護者も多く、入園直前まで外国で暮らし、日本語がまったくわからないまま入園する子どもたちも珍しくありません。

クラスの様子

四歳児一九名（男児一三名女児六名）、三年保育の年中組で四歳児からの入園児が三名の、活発な子どもたちが多いクラスです。他園から転勤してきて、はじめて子どもたちと出会った始業式の日。担任の私が話していても、子どもたちはずっと友だちとおしゃべりをしているという状況でした。

春から夏の保育で変わっていく子どもたち

そんな子どもたちを前にどんな活動が好きなのかを探る日がはじまりました。子どもたちは、園庭の総合遊具や、砂場、絵本が大好きでした。とにかくからだを動かすことが好きで、ピアノでスキップやギャロップの曲を弾くと喜んで参加していました。絵本を読むと、子どもたちはさまざまな姿勢でしたが、最後まで、楽しんで見ていました。

四月はこの二つの活動（リズムと絵本）を中心にしました。

また、子どもたちとの生活のなかで見えてきた姿がありました。自分の思いをはっきり言葉に出して言える子どもと、言葉で思いをうまく言えずいつも隅に引っ込んでいる子どもや、保育室を出て行ってしまう子どもたちとの差が大きいことでした。そこで、言葉以外でも自分の思いをしっかり出せるように、土粘土や泥んこあそび、指絵の具など、からだ全体で思いを出せる活動を多く取り入れました。また、言葉でうまく言えなくてもからだを使って自分の思いを表現することができる身ぶり表現にも取り組むことにしました。

五月はこいのぼりの身ぶり表現のあそびをしました。皆で遊戯室の広い場所をこいのぼりになって飛んでいきます。ある子どもは自分の口をこいのぼりの口のように大きく開けて、からだをくねらせながら走り、こいのぼりが口のなかにいっぱい風を受けて空を泳ぐ様子を表現しています。

ある子どもは、自分の両手をあわせて大きく円をつくり、こいのぼりの口を表現しています。それぞれが自由に思ったままにからだを使って表現しています。皆で泳いでいると、けんたが遊戯室の窓からするりと抜け出ていくという表現をしていました。本当の窓は高い所にあるのですが、あたかもその高さまで飛んで行って、そこにあるつもりの窓をくぐりぬけて空に向かって泳いでいくという表現をしたのです。皆の前でもう一度その表現をしたけんたは、クラスの皆に拍手をされていました。

自分の思いを友だちの前で出して、拍手してもらったことが嬉しく、自分に自信がついたけんたは、それからは、みんなと一緒にするいろいろな活動を積極的に楽しむようになりました。言葉でうまく言えなくても、からだで表現したことをわかってもらえた嬉しさが、彼をいろいろな活動に積極的に参加させる力になりました。

六月にはオタマジャクシやカタツムリ、ザリガニなどとあそび、その身ぶり表現をしてあそびました。おたまじゃくしになって泳いでみて、水のなかを自由に泳ぐ楽しさを知ったり、夜には水草の陰で眠ったり、餌を求めて探しまわったりすることで、おたまじゃくしも自分たちと同じ気持ちをもって生活しているのだと思えるようになります。自分ではないものになることで自分のこととして気持ちがわかるようになり、オタマジャクシやカタツムリなどが大好きになりました。

また、そういった飼育動物だけでなく、雨、雷や雲などの自然現象についても身ぶりで表現した子どもたちは、興味や関心が深まり、再びよく見たり、自分なりに図鑑などで見たことと重ねあわせて理解したりしてあそぶようになり、活動への集中力もついてきました。

　こうした集中力は絵本にもむけられるようになりました。保育室や絵本室に置いてある絵本を自分で手にとってよく見るようになりました。クラスのみんなで一緒に絵本を見るときも、話の内容をよく聞きながら、絵のなかに描かれていることを自分達の知っていることと重ねあわせ「あっ、このオタマジャクシ、手が出てる。幼稚園のと一緒や」などと言いながら、絵をよく見るようになっていきました。これは、文字としては書かれていない物語の背景を絵から読み取るという力の芽になりました。

おはなしの世界であそぶ楽しさを知る

九月の園外保育で水族館へ行きました。ラッコが泳いだり、仰向けになっておなかに貝を乗せて割ったりする様子などを楽しく見ることができました。

翌日早速、身ぶり表現をしてあそびました。おなかで貝を割ったり下に潜ったりする表現を楽しんでいた子どもたちに『いたずらラッコとおなべのほし』（あかね書房）を読みました。子どもたちはこの本が大好きになり、運動会ではこのおはなしの身ぶり表現を発表しました。

　運動会の後は自分で絵本を作りました。このはじめての手作り絵本は宝物になりました。作品展は「自分で大男を作りたい」という子どもたちの発案で、それぞれが自分なりのイメージの大男を作りました。そしてみんなで海を作ったり、ラッコやたくさんのカニを作ったりしました。保育室は大男の住む雲の上の世界になり、イメージの世界のあそびは続きました。

劇あそびの題材を決める

一〇月に、外国にルーツをもつベンが入園してきました。日本語がわからず、子どもたちも意思疎通に苦心していました。絵本には関心をもちますが、絵で見ても話の内容がわからなくなると興味がなくなり、保育室を出て行ってしまいます。

さらに一一月からしんじが転入することになりました。転入に向けて、集団に慣れるために一一月から何回か幼稚園にあそびにきていましたが、言葉は簡単な単語しか出ませんでした。そんなベンとしんじもみんなと一緒におはなしの世界を楽しめるようになるには、どんな絵本がいいかと考えながらいろいろな絵本を読みました。

一二月二二日に『おおかみと七ひきのこやぎ』（福音館書店）を読みました。ベンはとても喜び、狼が井戸に落ちる場面では自分も小躍りしていました。絵本を読んだ後、子どもたちは自由あそびのなかでこやぎとお母さんやぎになっておうちごっこをしたり、狼になってドアをたたいて「あけておくれ」という言葉のやり取りを楽しんだりしていました。

その後、ベンは転居のため退園しましたが、みんなが大好きになっていたこのおはなしで、二月にある生活発表会で劇をすることになりました。

一月から転入したしんじは、絵本には興味を示し、担任がみんなの前で絵本を読み聞かせていると前に立って、指差しをしながら嬉しそうに絵を見ていました。子どもたちは絵が見えないからとしんじを責めるのでなく、そんな嬉しそうな表情のしんじを受け入れていました。

『おおかみと七ひきのこやぎ』のおはなしであそぶ子どもがあそびのなかで気づいたことを劇の脚本にしていく

四月からの取り組みで身ぶり表現のあそびが大好きになっていた子どもたちと、おはなしの登場人物になってあそびはじめました。

ある日、お母さんやぎとこやぎたちになってあそびました。絵を見て井戸があることに子どもたちが気づき、一緒に、井戸に行くことにしました。行く途中でも「狼が見てるかもしれないから気をつけていこう」とそろそろと進んでいました。

保育室をぐるりと一周し井戸に着きました。「落ちないように気をつけてね」と言うと、まるでそこに本当に井戸があるかのように周りを囲んで、足を踏ん張って落ちないように覗き込んでいました。みんなで井戸の水を汲む身ぶりをして「何する?」と聞くと「洗濯!」と言うので洗濯をすることになりました。すると途中で一人の子どもが「あ! 狼がきた!」と叫びました。みんな慌てて家に帰り鍵をかけ、家のなかからそっと首をのばし覗きました。

実際には狼役は誰もいなかったのですが、あたかも狼がいるかのようにこわごわ覗き、その度に「あ! きてる!」と言っては一斉に首を引っ込めるあそびになりました。しんじも、この首を出したりひっこめたりする行為が楽しかったのか、みんなと一緒になって楽しんでいました。

子どもたちと作ったドアや家、井戸などの大道具は自由あそびのときにも大活躍し、おうちごっこで使われていました。

劇づくりのなかでは、子どもたちはいろいろな役になってあそびます。そのなかで、絵本の文章以外の言葉もどんどん子どもたちから出てきました。そのものの気持ちになって自然と口をついて出る言葉です。それが劇のセリフになっていきました。子どもたちから出てきた言葉なのでしんじにとっても言いやすく、しんじも他の子どもたちの真似をして言うことを楽しむようになりました。

みんなの言葉を聞いてから真似をするので、どうしてもワンテンポ遅れて言いますが、子どもたちはそんなしんじのタイミングに合わせて、かぶらないようにしながらセリフのやり取りを楽しむようになっていきました。

ある日、なぜお父さんやぎがいないのか、話し合いになりました。「死んだ」と「仕事に行ってる」の二つの意見にわかれました。するとゆきえが「お父さんは死んだんや。だって、お父さんの写真が飾ってあるやん、ほら」と絵本の絵をさして言いました。「おばあちゃんの家にいったとき、お仏壇におじいちゃんの写真飾ってたもん。だからお父さんは死んだんや」と言いました。子どもたちも担任もそれを聞いてなるほどと納得しました。

次は必然的になぜ死んだかの話しあいになりました。「狼に食べられた」「子どもたちを守ろうとしたんや」「だからお母さんは狼に気をつけなさいって言ってたんや」という言葉がつぎつぎに出てきました。その後、劇のなかの洗濯の場面では、お母さんが今までよりも気をつけて周りをきょろきょろ見渡し、見張りをしているという表現が子どもたちから自然に出てきました。

そうして、劇あそびが進んでいったある日、子どもたちは一番うしろのページの絵を見て「窓のカーテン、開いてる!」と気づきました。そこから話しあいになりました。

「お母さんが狼をやっつけてくれたから、安心して窓開けられるんや」

「みんなが寝た後、お母さんは何してるんやろ」

「何か縫うてるんちゃう？だって針と糸で縫うの得意やから」

と、どんどん話しあいが続きます。

「どうして得意だってわかったの？」と聞くと「だって、お母さんは早く縫いました、狼は気がつきませんでしたって絵本に書いてあるやろ？」と。子どもたちは、こやぎを救ったお母さんの特技を理解していたのです。そこでさっそく、この場面であそんでみました。

お母さん役の子どもは窓を開けると「あー、風が入っていい気持ち」と自然に言葉が出ました。「そうか、今までは狼がくるかもしれないからカーテンも窓も開けられなくて大変だったんだね」と思わずみんなが共感しました。

そしてその後、「子どもたちが寝てもお母さんはまだ起きてるねん」「子どもたちを守ってくれてる」「私のお母さんも起きてる」と話しあいは進み、劇のエピローグは眠ったこやぎたちの前でお母さんが縫物をしているという場面になりました。

子どもたちはこの場面で、自分たちの生活を守るために狼を退治したお母さんの強さやこやぎたちへの愛を感じたようでした。

劇づくりという活動のなかで、子どもたちはいろいろな役になることで、登場人物の気持ちを自分のこととして感じ、おはなしの世界を楽しむことができました。

まとめ

子どもたちは年間を通して自然や絵本などの環境からいろいろと発見し、それをからだで表現しあうことを楽しんできました。その、からだで表現したことが言葉に結びつき、さらに周辺を理解していく力につながっていくのではないかと実感しました。その力をみんなで集めて一つのものをつくり出すことができるのが劇づくりの素晴らしさだと思います。この劇づくりを通して子どもたちは、いろいろな国の子どもたちや、障害をもった子どもたちともからだで表現し、一つのおはなしの世界を共有することで、わかりあえるということに気づきました。そして私も、この劇づくりを通して、おとなが主導したり決めつけたりするのでなく、子どもたちのもっている力を信頼し、待つことの大切さを学ぶことができました。

これからも、子どもたちが発見したり考えたりするあそびや劇づくりを展開し、子どもたちと一緒に楽しんでいきたいと思います。

おはなしの世界を深める劇づくり

山﨑由紀子

◉見たものから想像して楽しむ

転勤先の幼稚園ではじめて出会った子どもたちが、どんな活動が好きかを見ながらあそびはじめています。五月には泳いでいるこいのぼりを見て、こいのぼりが窓から空へ飛び出す身ぶり表現をしています。大空を飛びたい子どもの願いを叶えるように飛び出した瞬間が想像の拡がりです。このように見たものをからだで表現し想像する身ぶり表現を春から夏にかけて楽しんでいます。また、自由に絵本を見られる環境と、絵本のなかの文字で表された物語に加えて、その背景を絵から読み取り、さらに想像を広げています。これも劇づくりの大きな気づきのもととなっています。

◉だれもが楽しめる劇にする

このおはなしの選択も、外国からの入園児や発達の違いのある子どもたちを含め、誰もがよく知っていてイメージが共有しやすい絵本にしています。個々の違いをゆっくりと、誰もが表現できるからだを通しての身ぶり表現により、言葉からではなくあそびながら見てわかりあえるようになる日常の保育が、劇づくりを楽しいものにしています。

◉生活からの想像は新たな想像を拡大する

子どもたちは、このおはなしに必要不可欠な井戸を、はじめに窓も閉ざされ小さく描かれたやぎたちの家の横に見つけます。この発見から担任は、皆で一緒に井戸へ行こうと提案しています。狼に気をつけてそっと歩き、保育室を一周している間に子どもたちはおはなしの想像世界にぐっと入っています。井戸の水を飲み、洗濯していると、おおかみがねらっていることを思い出し慌てて家に逃げ帰り、窓からこわごわ覗いて見るなど。絵の井戸へ向かって行き井戸で洗濯するなど、現実からおはなしの世界で身ぶり表現し、子どもの日常から想像のこやぎの日常世界を共有していきます。保育者は子どもの発見に呼応しながら、想像の拡大の楽しさを子どもたちと実感しあっています。

◉書かれていないことに気づき考えはじめる

劇づくりが進むにつれ、お父さんがいないことに気づきます。自分のお父さんのように仕事に行っていると発想した子どもと死んだという子どもに分かれたときに、絵本で見た棚のお父さんの写真は、祖母の家の仏壇で見た祖父の写真と同じだから死んだのだと想像したのです。このことは絵本の絵をよく見る力と生活とを結びつけておはなしを深めてきたのだということがわかります。さらにお父さんの死んだ理由を考え、お母さんが「おおかみにはくれぐれも気をつけておくれ」と言っていることの意味を、徐々に子どもの力で理解し深めている、熟考しはじめていくのがこの保育の展開です。

◉おはなしの意味を共感した子どもたちから新たな創造的セリフが生まれる

自由に絵を見て話し、身ぶり表現をしてきた子どもたちは、こやぎの気持ちになって話すので、自然で簡単なセリフなため、誰もが自信をもてる劇づくりとなっています。

さらに、最後の頁の絵を見て、窓のカーテンが開いていることに気づきます。はじめ閉まっていた窓のことは誰も言葉にしていなかったのですが、子どもたちがおおかみに見られないように閉めていた窓からこわごわ覗いた身ぶり表現の記憶から、カーテンの開いている窓との違いを発見できたのです。おおかみのいなくなった安堵感に包まれたことから、みんなが寝た後のお母さんを想像し、お母さん役の子どもが窓が開き「あー、風が入っていい気持ち」と言っています。この言葉に、もうおおかみはこないので、安心してカーテンが開けられる幸せな気持ちを表現していることを、みんなが共感していることに感動を覚えます。

子どもが物語のなかで想像しながら自由に生きて考えると、想像力と思考力が積みあがり、おはなしのテーマも深く共感でき、子ども自ら劇を再構成していくことを、この四歳児の保育実践は語っています。

❽…子どもが主体的に取り組んだ劇『もりのおばあさん』（五歳児）

有馬美和（大阪保問研）

園の概要

本園（認定こども園大阪千代田短期大学附属幼稚園）は、大阪府河内長野市の北部に位置し、開園六六年目。満三歳から就学までの、定員二八〇名です。少し高台の住宅街にあり、自然を身近に感じる環境にあります。一年を通して小虫・植物などの生きものと触れあいながら保育を進めています。

クラスのようす

五歳児、男子一八名、女子九名（要配慮児含む）計二七名。進級当初は、年長になった喜びで、張り切る子どもたちでしたが、自分を見てほしいという子どもが多い反面、自分の思いを伝えることが苦手な子どもたちも多く見られました。また友だちに対し、あまり関心をもっていないことも課題であると感じました。そこで、身ぶり表現やリズム・歌などの活動により、自分が認められ自信をもつことで、友だちに興味をもち、友だちの話しを聞くことを楽しめるようなクラスづくりを意識して取り組みました。

身ぶり表現で一人ひとりの思いをみんなの共感に

一学期は、身近な自然や生きものを題材に、身ぶり表現することを楽しみました。年中組のときに植えたチューリップに興味をもち、花びらが少しちぎれていたり、落ちている花びらの下にダンゴムシがいたことなどを発見したりして、表現あそびへとつながっていきました。他にも、ザリガニになって池のなかの様子を想像してあそんだり、雨粒を手に乗せてあそんだあとは、雨粒の身ぶり表現をしました。身ぶり表現をしたことで、より興味をもって自分から具体的に見るようになりました。

また、友だちが発見したことや発言したことが共通のイメージとなり、友だちの思いに共感する姿に、少しずつ変わっていきました。一学期後半には、友だちの話しに耳を傾け、自分の考えを表現する姿が見られるようになりました。

運動会の取り組みで感じた身ぶり表現の楽しさ

運動会では、年長児二クラス五四名で『まじょのくに』（月刊絵本　福音館書店）のリズム表現（グランド劇）に取り組みました。登場人物のひろみちゃんがこうもりに囲まれて、逃げられないからどうしたらいいのかを、身ぶり表現しながら考えました。

はじめは、「上を跳んでいけばいい」「間を抜けていく」という表現が出ていましたが、どれもこうもり役の子どもたちに捕まってしまい、失敗しました。しかし、何度も考え表現していくうちに、「こうもりを眠らせる！」ということから、子守唄を歌ってそのすきに逃げるという、みんなが納得した場面になりました。こうもりはさらにひろみちゃんを家まで追いかけてくるのですが、表現しながら考えていくことで、子どもたちも次はこうしよう！　と、積極的に意見を出しあって迫力のある場面にみんなでつくりあげました。おはなしを通して、相手クラスからも刺激を受け、友だちの表現を見て共感する姿が見られるようになりました。

『もりのおばあさん』を劇に

三匹の動物たちが知恵を出しあい、おばあさんを助けようとする姿を通し、誰にでも優しく接し、相手を思いやる気持ちを子どもたちにもってほしいと願い『もりのおばあさん』（岩波書店）を選びました。子どもたちが主体的に劇づくりに取り組めるよう、子どもたちからこの話を劇にしたいと思うまで、待つことにしました。

まず、どんな劇をしようかと話しあいをしました。楽しい話がいい！　ということは一致しましたが、題材はなかなか決まりませんでした。『もりのおばあさん』のおはなしではあそんでいましたが、主人公のおばあさんや三匹の動物の生活、心情が少しずつわかってきたときに、劇の話を子どもたちからはじめるようになり、みんなで話しあい「もりのおばあさんを劇にしよう！」ということに決まりました。決まってからは、「道具がいるから作ろう」「遊戯室でも練習しよう！」と子どもたちから提案するなど、張り切る姿が見られました。

相手の気持ちを考えよう！

百歳を越えるおばあさんについて話しあいました。

おばあさんが若い頃、チーズを盗もうとしたかわねずみのスキークに、駄目なことは駄目と教えたこと、つばめのチリーの子どもを助けたことなど、いろいろな動物や生きものに優しく接していたからこそ、困ったときに力を貸してくれたという気持ちが理解でき、あらためておばあさんの優しさや強さを感じることができました。

また、三匹の動物になってあそんでいくなかで、おばあさんを大切にするという思いを共有していきました。三匹の動物になって身ぶり表現をしながら、エサを隠したところを覚え、森の様子を何でも知っているというあそびから犬のパンクの賢さ、泳ぎが上手だから魚をとるのも上手で、おばあさんに魚をあげるというあそびからあひるのポンクの優しさ、ぶたのピンクのあそび

で、絵本に書いている「湯たんぽ代わりになって」ということを、実際友だちとくっついてあそぶことで、暖かさや友だちがそばにいるからうれしいなど、三匹の特徴を共有していきました。

言葉だけの理解ではなく、身ぶり表現を通してあそんでいくことで、それぞれのもつよさが相手の気持ちを考える優しさにつながっているのだと、感じることができました。

まつりの場面は、アカナスの生活を踊りにしました。おばあさんたちを追い出すことができたアカナスは、ロンドンからもってきた時計や本、ネクタイを部屋に飾ります。子どもたちは、時計・本・ネクタイになって踊るのです。既製の音楽ではなく、子どもたちの考えた振りと歌詞にあわせてできた音楽なので、子どもの気持ちがより楽しいものになっていきました。

自分の思いを言葉に

自分の思いを言葉にすることが苦手な子どもたちが多かったので、あそんできたことや思ったことをセリフにしようと取り組んできました。特に百歳を越えるようなおばあさんを思う三匹の動物たちの気持ちをセリフにするときに、おばあさんの様子を話しあうことで、「おばあさんを家に帰してあげたい」「また一緒に住みたいから、早くアカナスを追い出したい」という思いを言いあいました。

また、ごっこあそびが大好きになり、毎日のように道具を部屋中に置いて

あそんでいました。あひるのポンクが川から魚を取ってきておばあさんとごはんを食べるところでは、暖炉で魚を焼いている間に、おばあさんが寝ているのを起こしたり、魚を焼いているときの会話など、自由あそびであそんでいたことが劇の場面になり、セリフでの会話へとつながっていきました。子どもたちから「おばあさんを助けたい」というセリフが増えて、子どもたちで劇を進めていくようになりました。そして、おばあさんに親しみを感じるようになりました。

また、私自身もこの子どもたちから、あらためておばあさんの存在の大きさや大切さを理解することができました。発表会当日、子どもたちが決めたセリフ以外に、「誰が作ったんだい」という言葉に、「パンクとポンクだよ」「ありがとう」「いっぱい食べてね」と返事をしている姿がありました。全員が、それぞれの気持ちをわかっていたこともあり、子どもたち同士のやりとりが自然に成立したのだと思います。

あきらめない心をもとう！

このおはなしに取り組む過程で、おとなしかった子たちも少しずつ大きな声でセリフも言うようになり、張り切る姿が見られるようになりました。

しかし、広い遊戯室に行くと、保育室であそんでいたときと様子が変わって、声が小さくなっ

たりセリフがわからなくなったりしたので、もう一度子どもたちと考えあいました。アカナスも暮らしていくためには家がいるから、必死で家を守ろうとする気持ちであったこと、昔、おばあさんにお世話になった川ねずみのスキークやツバメのチリーも、いろいろな知恵を出し、アカナスを追い出そうとしたこと、おばあさんを助けたいと日々頑張っている三匹の動物たちの勇気や優しさ、どうしたらいいのかと思っているおばあさんの姿を話しあいました。

特に、三匹の動物たちがおばあさんを思う気持ちはわかるようで、「おばあさんが風邪をひきそうだから、早くおばあさんをお家に帰してあげたい」「雪が降ってきたら大変、自分らも風邪ひく」「スキークもチリーも頑張ったから、自分らも頑張らなあかん」など出しあっていくなかで、子どもたちの思いが表現され、あきらめたらもう帰れなくなってしまう。何度も失敗したけれど、あきらめずにおばあさんを守ろうとしたから、最後は家に戻ることができたのだと、子どもたちはあらためて感じたようです。

ツバメとアカナスのかかわりの場面では、アカナスを追い出すときの作戦も子どもたちで考えあい、場面にしていきました。「アカナスがいないときにツバメたちがおうちに入ったほうがいい」「夜やったら、ツバメは飛べないから、朝とか昼とかに飛んでいこう」「アカナスが買いもの行ってるときに家に入ったらいいやん」「おみせなんかないやん」「川あるから魚とってるねん」「魚とってる間に、ツバメが家に入ろう！」と場面の情景を考えることが楽しくなりました（写真：アカナスが橋で釣りをしている間に、ツバメの子どもたちが家を荒らしてアカナスが住めなくしている。戸口には見張り役の子どもが立っている)。

また、五月に見たツバメの様子を思い出し、実際に保育室を藁だらけにしてあそんだことで「藁でアカナスの家をぐちゃぐちゃにしよう」と、直接経験をしながら場面を作ってあそんでいきました。その日によってあそびやかかわりが変化することもありましたが、それに子どもたちがイメージをふくらませ対応するので、毎日変化に富み、子どもたちは日々楽しく盛り上がりながら取り組むことができました。

他に、ねずみとアカナスのかかわりの場面でも、アカナスに見つからないように隠れるねずみと見つけ出そうとするアカナス、いなくなったらまた散らかすねずみ……と、互いの様子を見ながらあそびました。ねずみは猫が嫌いだからとアカナスが考えた知恵や、猫がきても戦ったねずみの勇気を話しあい、劇の場面となっていきました。

劇終盤になったときのことです。劇の時間が五〇分、四〇分となかなか縮まらないのです。すると、子どもたちから「あきらめたらあかん!　道具、早く出そう!」「セリフがわからなくなったら友だちが横から言えばいい!」などの意見が出ました。進級当初は、友だちに対し、あまり関心をもっていない子どもたちも、みんなで「おばあさんを、お家に帰してあげよう」と、意欲がぐっと集まるのを感じました。

当日の朝、緊張したりテンションが高くなったりと落ち着かない子どももいて心配していましたが、役の確認をしていくなかで落ち着いていきました。

本番では、道具の出し忘れなどありましたが、落ち着いて取り組むことができました。おわったあとは、「楽しかった、またやりたい」と、うれしそうに友だちと話しあう姿が見られました。

劇をおえて

劇を終えた後日、子どもたちに劇はどうだったかを聞いてみました。「とても楽しかった」「お母さんが頑張ってたねって褒めてくれた」「○○ちゃんのおばあさんの声、大きい声出してたね！」「おばあさん、おうちに戻れてよかった」「私が連れて帰ったよ」など、いろいろな思いが出ました。今まで頑張ったことや認めてもらったこと、当日の劇の最中にも、友だちの頑張りを感じていたことにも驚きました。

おばあさんを家に戻してあげてよかったと実感している子どもたちを見て、劇のなかで本当におばあさんを愛し、おばあさんのために頑張っていたのだと感じました。

その後も、道具を使ってごっこあそびが続きました。

おわりに

子どもたちが、身ぶり表現をしながらおはなしを理解していく大切さを、あらためて感じた劇づくりでした。子どもたちがからだを通して登場人物の気持ちや、小さくても力をあわせて立ち向かう知恵や勇気などを感じ、自分達のことと重ねていくことで理解が深まっていきました。

劇づくりは、総合的な保育だととらえて取り組んできました。この劇を通して、想像する力、感じる力、考える力が子どもたち一人ひとりの自信や自己肯定感につながっていくように感じました。また、子どもの主体性がおはなしの世界を広く豊かにしていくということを、私自身があらためて学ぶことのできた実践となりました。

実践⑧ 解説

子どもが自由に劇を創り出していく 五歳児の劇づくり

山﨑由紀子

◉はじめに

『もりのおばあさん』の作者はヒュウ・ロフティングです。イギリス出身で、ドリトル先生シリーズを生み出したアメリカの小説家です。この絵本は一九五四年に出版されました。ドリトル先生のおはなしにも共通していますが、寒い冬を前に住み慣れた家を追い出された百歳を超えるおばあさんを、元の家に帰してあげようと小さな動物たちが駆け回り知恵を出しあうという内容です。

六十余年を経た今も、子どもたちが、感動する劇につくりあげています。

◉問いをもった保育者の劇づくりの四つの特徴

実践者は、四月から子どもの直接経験したことを身ぶり表現（からだで表現しあい、違いを見つけイメージを共有していくからだによる創造的話しあい）と話しあいを通して、想像の共有を図っています。

特徴の一つ目は、身ぶり表現で子どもの表現を受け止めながらも、劇づくりになると保育者の言葉で進めていないかと自省し、「一人ひとりの思いをみんなで共感」（有馬実践記録より）し、真に子どもが主体の劇づくりをしようと取り組んだことが、この実践をつくり出しています。

二つ目は、運動会のグランド劇で、魔女から逃げるひろみちゃん（『まじょのくに』）と追う大勢のこうもりのクライマックスの変化と迫力のある表現を、子どもたちが考え出し楽しんだことにあります。主人公の困難を乗り越える方法を、自分たちで考えて表現した経験が、劇づくりの土台になったと考えられます。

三つ目は、思いっきり楽しい場面をつくり、まるで劇中の祭のように演じている点です。大男アカナスがおばあさんを追い出し、自分用の家に模様替えをしていく様子を、全員で象徴的に大男のネクタイ、時計、本となって踊る場面です。もうおばあさんはこの家に帰れないのではないかと心配がより増す場面となっています。

四つ目は、生活発表会当日に、おばあさんの気持ちになって出したセリフに、他の役の子どもたちがうまく応答しながら劇をすすめたことです。取り組み過程で、子どもたち一人ひとりが、感じたまま身ぶり表現しながらセリフを創ってきたので、当日も自然に対応しながら演じたのです。劇は当日も子どもが変化させ深められるのです。

◉役になり劇を進める子どもたち

役柄の個性をそれぞれが表現し（例えば、釣りの経験のある子どもは釣りを、見張りの必要性に気づいた子どもが見張り役になるなど）、みんなで力をあわせて大男を追い出そうと大活躍する劇を創り出したため、どの場面もおばあさんを思う気持ちが溢れる劇となっています。

はじめは、おばあさんのおはなしだから、自分たちとは離れたおはなしのように感じた子どもたちも、活躍するのは百歳を超えるおばあさんを助ける小さな動物たちであることがわかり、おもしろくなったようです。それから自分のおばあさんのことを話したり手紙を出したりする直接経験をしたことから、お年寄りを身近かに感じて、劇のおばあさんを思う気持ちに溢れる表現に変わっていったようです。

当日の劇では、五歳児が百歳のおばあさんを演じ、おばあさんのことをよく理解し、場面は途切れることなく大道具も登場人物のように後に隠れて動かし、助ける動物たちになりきっている子どもたちの感動が観ている保護者に伝わるものとなっていました。

◉五歳児の子どもたちと保育者

一人ひとりが表現しながら考え、一つの劇づくりをみんなで創造し、劇のなかで自由に演じながらなお、成長していく子どもの姿が五歳児の劇です。保育者が五歳児の気持ちになって「五歳の子ども主体の保育とは」と問いながら、一人ひとりの気づきや経験を受け止め、子ども同士に広めることで、子ども自らが個々の力を集団の力としていった主体性を生きる保育として、学びとることのできる実践となっています。

甲〆由利子さん、有馬美和さんは、大阪保育問題研究会・文学部会、専攻科「文学」「劇づくり研究会」「領域別保育講座劇づくり」「劇セミナー」などの機会に、実践し学びあっています。この実践は文学への連続的探求の重要性も物語っていると思います。

9…『ピノッキオのぼうけん』（五歳児）
～おもしろさ　楽しさの追求が劇づくりの原点～

波多野靖明（兵庫保問研）

園の概要

あひる保育園は兵庫県宝塚市にあり、無認可共同保育所を経て開園三五周年。産休明けから就学までの定員九〇名、分園三〇名の保育園です。周辺は宅地化が進んでいますが、散歩では自然のある場所へと出かけて行き五感を刺激する保育を行っています。

（クラスのようす）

男児一二名女児六名の一八名。担任は三歳・四歳・五歳児の持ち上がりです。

元気で、明るく意欲的な子どもたちです。後先を考えず、勢いで活動を楽しむ男児と慎重だけどしっかり者の女児が特徴的で、歌うこと、踊ること、寸劇、漫才…などおもしろいことを考えて表現することが大好きなクラスです。

表現あそびを日常的に楽しめる毎日を！

私はこれまで、「ごっこあそび」「発表会への取り組み」「この絵本をどう深めるか?」と考えるとグッと肩に力が入ってきました。しかし、子どもはもっと日常的に?、自然に?、ごっこあそびを楽しんでいることをこのクラスの子どもたちから教えてもらいました。子どもは、自分とは違う何かになってあそぶことが大好きです。物語の登場人物や架空の人物、身近な生きもの、身近ではない生きものなど…〝何にでもなれる〟ごっこあそびはその時々の自分の願いや憧れをかなえてくれます。

以前、発表会に向けて『王さまと九人のきょうだい』(福音館書店)の絵本であそんでいるとき、王さまやきょうだいの物語の進行とは別に最も盛り上がったあそびは、家来たちが〝さむがりや〟にくべるマキになり「ボ〜!」と燃え上がること、雪になって〝あつがりや〟にぶつかって「ジュ〜!」と溶ける場面でした。保護者からは「うちの子…嬉しそうに発表会でマキの役やる！　って言うてんねんけど大丈夫?」と不安そうに尋ねられました。

〝何にでもなれる〟からこそおもしろさがあり満足感が得られ、次への意欲へとつながっていったのだと思います。

表現あそびが日常的になったきっかけは、〝寸劇あそび〟でした。グループにわかれて少人数であそびます。初めは、日常にある様子をテーマにして披露しあいます。

例えば「今日は雨が降っています。家から保育園にくるまでの間」や「セミを捕まえました」など観る側が「テレビはじまりQ！」と、リモコンをもってボタンを押すと寸劇がスタートします。ルールは簡単！　台本がないから失敗も成功もない楽しいひとときです。そこから発展して、テーマを各グループが選んだ好きな絵本に替えてあそんだり、漫才的な要素も加わえて楽しみました。一時は日本の大道芸〝南京玉すだれ〟を見たあと〝人間玉すだれ〟というものがブームになり応用や即興性が加速していきました。

驚いたのはある日、突然私が「今日はこの保育園に二頭のクマがもぐり込んだらしいです！みなさん！　気をつけてください！」と言うと、誰かしらの二人が「えっ？私らがやんの？」と察知して「グワァ～！」「腹が減ったぞぉ～！」と登場し、年下の子ども相手に〝むっくりくまさん〟を展開してくれました。

子どもたちにとっては、劇づくりに限らず表現することと、表現を受け止めてもらえることが喜びそのものだったと思います。

豊かな実体験や心に残る絵本が題材選びのきっかけに

・春の遠足で乗馬を体験し『スーホの白い馬』（福音館書店）のごっこあそびで盛り上がる
・夏に『ピノキオ』（講談社）を読み、大まかなストーリーに触れる
・一〇月の終わり頃から『ピノッキオのぼうけん』（福音館書店）を継続して読み、あそぶ
・秋の遠足で民族博物館へ行き、異国の世界観に触れる

・一二月に保護者と共に劇団風の子による「モンゴルの白い馬」を観劇する

劇をつくるに際して題材決めは重要視していたので、クラス担任間、園内の職員に加えて兵庫保問研・文学部会でも相談にのってもらい題材の検討を行ってきました。

最終的には二つの候補『スーホの白い馬』か『ピノッキオのぼうけん』で迷いましたが、子どもたちとの話しあいで「ピノキオの方がやっていて楽しい」「スーホの白い馬は泣きそうになるから…」などの話があがり『ピノッキオのぼうけん』に決定しました。

『ピノッキオのぼうけん』を読み聞かせていくと、ピノッキオが裸のままで街を走りまわる…おもちゃの国で自由にあそぶ…ロバになっていく…そんな展開やいたずらっこのピノッキオがすぐに大好きになっていきました。そのなかでも子どもたちが最も魅了されたのは、木の人形だったピノッキオがたくさんの失敗や寄り道をしながら立派な人間の子どもへと成長していく姿でした。間違えればやり直せばいい、わからない事は正直に聞けばいい、そうやって大きくなっていく姿をどこか自分と重ね、親しみを感じていったように思います。子どもたちの姿を見ながら、親から大切に育てられる心情や親元を離れて一人歩きをしていく姿をテーマに劇が完成すればいいと思いました。

演じる喜び　共感してもらう　わかってもらえる喜びを

『ピノッキオのぼうけん』の劇をみんなでつくっていけるように、場面をつくるときは役を固定せずにあそんできました。ピノッキオが注射を嫌がるごっこやあやつり人形ごっこ、ウソをつくと鼻がのびるごっこなど、どのようなあそびが演じたくなるのかをあそびながら考えていきました。

みんなでひとつの役を楽しみ、出てきた意見や考え、発想などを演技やセリフに取り入れていきました。役を固定せずにあそぶことで個々の持ち味が発揮され、脇役が磨かれていき、劇に深みが増していく発見がありました。

クラス全員が物語の世界観を共有できるように早くから壁面づくりに取りかかりました。原作にあるイタリアの街並みを写真や本で調べて特徴ある家々をたくさん描いて仕上げました。

しかし、人前に出ると恥ずかしくて思うように声が出ない、〇〇ちゃんのようにはできないよ～と前に出られない姿もありました。一回目の予行がはじまる直前の練習後、「あ～緊張して声が全然でんかった…」と涙ぐむ子がいました。そうすると「私も！」「僕もやって！」と本当の気持ちをみんなが出しあい、「緊張するのは何を言うかわからんからや～今からまた練習したらええわ～」と互いを励ましあってきました。

そうした姿を見て、他者になって演じる喜びと同じくらい共感してもらい、わかってもらうことは嬉しいことなのだと思いました。

ラストからつくろう！　～場面を整理する～

これだけの長文の題材をどのように整理し構成していくのか？悩みました。まずは、読んではあそぶを繰り返しながら子どもたちの好きな場面を楽しみました。しかし、このままでいいのか…?という焦りも正直ありました。どの場面を…?どのように…? 場面であそぶことと並行して、構成の候補にあがる場面のテーマが全体のテーマへとつながるよう整理をしていきました。

最初の場面が完成して、さあ次へ…となったタイミングで子どもたちも「どこやる…?」と迷い決めきれない姿がありました。私から「最後の場面やろか?」と提案し、ラストからつくることにしました。ラストが決まることで「で…最後につながる」がおとなも子どももイメージしやすくなり、各場面つくりがテンポよく進んでいきました。

場面つくりで最も大切にしてきたことは客観的な意見でした。場面が完成するごとに園長や主任に相談し、場面を見てもらう機会を多く設けてきました。その披露の場が子どもたちに演じる喜びや自信を運んできてくれました。

浮かびあがる子どもからの疑問　～読みを深めるきっかけに～

〝おもちゃの国〟編

学校もなければ、先生もいないそんな自由な〝おもちゃの国〟へ行きたがる場面があります。就学前の子どもたちからは何で学校に行きたくないのか? 先生がいないのがなぜいい所なのか?の疑問の声があがりました。

〝児童文学書の描写〟編

サメのお腹のなかで、登場するマグロの声は

〝くらやみのなかから、調子っぱずれのギターみたいな、しゃがれ声がしました。〟と描写されています。その場面を読んだあと、あそんでみると「おれ！　マグロ役やりたい！」と手をあげるけいたくん。マグロになって出てきたけいたくんは「ジャンジャンジャ〜ン！」と手にエアギターを片手に登場。周囲の反応は「…？」で大笑い。しかし、けいたくんの他にも〝マグロがギターをもっている〟と思っていた子は数人いてクラス皆で「けいたくんがマグロやってくれたから気づいたわ！　ありがとうね！」と声をかけあいました。

子どもたちからの疑問や行き違いは、あそびや描画などの対話から生まれることが多々ありました。疑問や行き違いが絵本の読みを深めていくきっかけとなりました。

オーディションではない決め方を…

構成も固まり、最終予行も無事に終了した発表会二日前に、本番の役をみんなで相談して決めました。これまでの予行や自分達で時間を見つけて「ピノッキオやろ〜！　どの場面する？」と思う存分に役を楽しんできた子どもたちです。本番の役決めに際しては、どの役も大切でどれが欠けても劇が進まないことを確認した上で「自分のやりたい役と劇のなかの適役を決めよう」と伝えました。

私は希望の役ができるだけ重ならないようにと願いながらでしたが、三場面のピノッキオ役が重なりました。そこで、せなさんとはるさんに演じてもらい、せなさんとはるさんにどうすればいいか尋ねることにしました。すると、

せなさんは、「私よりはるさんの方がいいわ〜でも二四日の発表の日は私がやりたい！」と言いました（二四日は地域の方々への発表の日）。その言葉に周囲も驚き「せなさんは、劇のなかの適役を決めたんやな　すごいな」と共感しあいました。せなさんの思いは、自分達の担う役の大切さを再確認するできごとになりました。はるさんの役への気持ちづくりはもちろんのことクラス全体にも波及していき、本番の役が決まっても「もっと堂々とやりたい！　まだ、不安定！」と当日へのモチベーションが高まっていきました。

発表会当日

当日になり、急な熱の出た子がいて配役が変更になるなどのハプニングがありましたが、「僕がやろか?」と立候補してくれる子どもがいて、臨機応変に対応することができました。これまで積み重ねてきた表現すべてを出し切り、どの子の顔にも達成感が溢れていました。

おわりに

子どもが主体的になることは…?楽しく劇に向かう源とは…?そんなことを悩みながら子どもたちと一緒に劇をつくってきました。答えは見つかっていませんが…劇づくりのなかで最もイキイキした瞬間は、「どうしようね…」が「こうしてみよう!」とアイディアを発見したとき、友だちの新しい表現に出会い「今のいいやん!」と共感しあえたときに、表現へのエネルギーが誕生したように思います。

発表会後の二四日に地域の保護者に向けて劇を披露しました。おわった後、ななさんが「私らのことまったく知らんおとなが感動して目ウルウルなってるの見て、私らの劇ってすごいんやな〜って思った!」と言っていたのが印象に残っています。園生活の最後に、みんなでいろいろな人の気持ちを考え、楽しく劇に向かえた時間は忘れられない思い出になりました。

実践⑨ 解説

子どもがいきいきとした瞬間を捉えた劇づくりの取り組み

徳永満理

◉はじめに

あひる保育園の玄関を通り抜けると吹き抜けの広いホールがあり、二階も含めて各保育室が放射線状に位置づいていて、どの部屋からもホールの様子が見られるようになっています。そこでは、毎日リズム運動や歌をうたう子どもたちの姿が躍動感に満ちています。波多野さんはこの園の中心的存在で、兵庫保育問題研究会では、その保育から多くの学びをさせてもらっています。その波多野さんの五歳児の劇づくりの実践です。

◉題材は劇づくりの要

波多野さんは劇づくりの要は題材で、六〇％くらいのウエートがあると考えています。そこで、テーマ性のある題材を子どもたちには出会わせたいと、二冊の絵本と一冊の読み本を子どもたちに提示しています。どれも長文ですが、特に『ピノッキオのぼうけん』は、読み通すのにかなりの時間を要したことが伺えます。複雑な展開に集中の切れる子どももいたでしょうし、特に、特別支援の新入園児を交えての読み聞かせには、配慮と工夫をされたと思います。

しかし、そこに敢えて挑戦し、兵庫保問研の文学部会でもその本を持参し参加者の意見を求めました。結果、子どもたちとも話しあって福音館書店の本に決まるのですが、決め手は、『ピノッキオのぼうけん』は「やっていて楽しい」という子どもの言葉でした。波多野さんは一方的に思いを押しつけることなく、子どもの思いをすくい取り、いたずらっ子のピノッキオが親元から離れて独り歩きしていく姿を、おもしろがりながら、自分たちの姿と重ねてつくる劇になることを期待して、本の読みを深めあそんでいます。

◉ごっこあそびから場面づくりへ

三歳児から持ち上った子どもたちは、明るく元気でおもしろいことを考えて表現するのが大好きです。春には遠足での乗馬体験から、『スーホの白い馬』ごっこで盛りあがっています。日常の体験が即絵本体験と結びついたごっこあそびになるのは、絵本を読んでもらった後は、ごっこにしてあそぶのが日常茶飯事であることが伺えます。

そうした子どもたちですから、発表会で『ピノッキオのぼうけん』を劇にすることが決まると、さっそく、おもしろい場面をごっこにしてあそんでいます。なりたい役になって、身ぶりや言葉で表現してあそぶのですが、その都度、子どもたちから出る意見や考え、発想を、演技やセリフに取り入れて劇に向かうあそびにしています。

こうして、あそべばあそぶほど、子どもたちからは疑問や勘違いからおもしろい表現が出ています。そのことをよい機会として本の読みを深めています。理解が深まることで、子どもたちは、より〝それらしい表現〟を求めるようになってくると、舞台の上で自分ではない他者を演じて、自分たちが楽しむだけではなく、観ている人に感動してもらう劇にしたいという気持ちが明確になり、プレッシャーを感じるようになっています。これは劇あそびから劇への飛躍をはじめた五歳児らしいプレッシャーですが、仲間と話しあいながら乗り越えています。乳児のときから育ちあってきたこのクラスの仲間関係の豊かさを感じます。

さて波多野さんは、子どもたちが気に入った場面や出来事のごっこあそびから、場面をつなげた劇づくりをはじめるのですが、長い物語のどこを切りどこを活かすのか悩みます。子どもたちと相談しながら、結果、最後からつくることにします。これは子どもたちに着地点を示すことで、見通しとやる気を起こさせています。最初からつくる場合もありますが、作品やそのときの子どもの要求などで臨機応変でよいと思いました。また、場面ができるごとに職員と相談して助言をもらったり、見てもらったりすることで、子どもたちに第三者の目を意識することや演じる喜びと自信をもたせていて、とても大切なことだと思います。

こうして構成が決まり一週間前に役決めに入るのですが、子どもの自由意思を最大限尊重して話しあいで決めています。最終の手段であるオーディションにならないで決まったのも、このクラスの集団性の高さがうかがえます。

◉おわりに

波多野さんは、劇づくりは〝楽しさの追求〟にあるとして、子どもたちがやらされる、言わされるという受け身にならずに、自分たちの劇になるようにと話しあいを多くもっています。その結果、のびのびと意見や発想を出しあっています。また、あそびのなかで生じてくる疑問など、その都度本を読んで理解を深めています。理解すると子ども同士の共有感は高まり、瞬間、瞬間のいきいきした表現が生まれ、劇づくりのおもしろさ、楽しさの質を変化させ高めて生活発表会に臨んでいます。こうして、自分たちでつくった劇を観客に観てもらったという達成感は、いつまでも子どもたちの心に残ることと思います。

⑩…実体験をもとにした劇づくり（五歳児）

半田智美（東京保問研）

園の概要

平塚幼稚園は一九四九年、地域の要望をうけ、東京都目黒区に開園しました。幼児期の育ちをより確かなものにするために、人とのふれあいを基本にすえ、仲間を信頼できるように、もの事に主体的に取り組めるように、一人ひとりが大事にされる集団をつくることを園目標にしています。子どもたちの姿を見つめ、どうなってほしいのかを常に保育者同士で話しあい、保育をつくりあげています。

園内に動物小屋があり、ニワトリ、アヒルを五歳児が世話をしています。年間を通して畑や田んぼにかかわり、そのなかでさまざまな生きものと出会う体験を大切にしており、子どもたちにとって生きものたちは、ひじょうに身近で大切な存在です。

五歳児ふじ組は、六七名（三生活グループ、各二二名・二三名・二二名）担任三名、フリー一名です。各生活グループのなかに小グループ（四〜五人）が五あり、ふじ組全体で小グループが一五あります。九月からは小グループでリーダーを一人選び、リーダーは皆の代表として考え、動きながら、自分たちで生活をすすめていくことを大切にしています。

劇づくりについて

日常のなかで、子どもたちが感じたことを仲間と言葉や身体で表現することを大事にしています。一二月の「親と子のつどい」では、三歳児は絵本をもとに、四歳児は小グループで考えた話をもとに、身体表現をします。五歳児は子どもたちが体験したことをもとに、劇をつくります。

どんな劇にするか決める　一一月

この年の子どもたちは、幼稚園生活で出会った生きものに興味をもっており、その体験を劇にできたらいいのでは、と保育者同士話していました。劇をするにあたり、生きものとの体験で感じた自分の気持ちを表現すること、仲間と体験・表現を楽しむこと、生きものへの親しみを深めること、をねらいにしました。

子どもたちとも話しあうなかで、「幼稚園の生きものをたんぽぽたちに見せたい」「ネズミを見たから劇にしたい」と話し、「幼稚園の生きものの劇」をすることに決めました。

どの話をするか決める　一一月

幼稚園でどんな生きものに出会ってきたかを皆で振り返り、話にする一五の生きものを決めました。決まったのは、ニワトリ（オス・メス）・アヒル・カエル・ネズミ・カマキリ・バッタ・イナゴ・オケラ・ザリガニ・ミミズ・スズメ・アオスジアゲハ・セミ・ヘビ。

その後、小グループでどの話をやりたいかを相談し、小グループのリーダーが代表で集まってどの小グループがどの話をするか決めました。一つの小グループが一つの話をつくり、一～一五グループのつくった一五の話で「幼稚園の生きものの劇」にしました。

実体験をもとに劇を考える　一一月

一グループ（一一月～）は、いつき、しょうこ、はると、いおりの四人です。「カマキリのカマがかっこいい」「稲刈り遠足（一〇月）でカマキリを捕まえたから」という理由で、カマキリの話に決まりました。小グループでカマキリとの体験を振り返り、劇をつくります。

保育者　どんな劇にしようか？

いおり　稲刈り遠足でカマキリ見つけたから、「稲刈り遠足で草ががさっと動いて、カマキリがいました」かな～。

はると　それでつかまえたの？

いおり　つかまえるのはぐさっとするから無理！　怖くて持てない。バッタなら持てるんだけど。

はると　えー！

保育者　他の人はカマキリ持てる？

しょうこ　私も無理！　カマが怖くてカマキリは持てない。

いつき　いつきは足なら持っちゃったことある。足ちぎれそうだった。

三人　えー！

いつき　足ちぎれそうになってすぐ離しちゃった。

はると　背中を持てばいいんだよ。

しょうこ　はると持てるの？

はると　稲刈り遠足でつかまえたもん。しゃがんで、背中を持ったらつかまえられた。

三人　そうなのかー！

稲刈り遠足で実際にカマキリと出会い、その体験をもとに劇をつくっていくからこそ、一人ひとりの思いが出てくると感じました。また、「私もじつは持つのは怖い」など仲間の思いに共感したり、足を持ったいつきやカマキリを持つことができたはるとに驚いたりと、仲間と一緒に振り返ることで、一人では感じられなかった思いを感じていることに気がつきました。

やりとりを楽しむ・仲間関係を深める　一二月

自分たちで考えたセリフ、動きをもとに小グループで劇の練習をしました（「」内はセリフ）。

しょうこ「私はカマがぐさってするから持つのは無理！」

いおり「いおりもちょっと怖くて持てない！」

はると「…背中を持てば大丈夫だよ。…ほら」（自信なさそうに、小さな声で）

しょうこ（はるとがセリフを言うとすぐに）「カマキリをペットボトルに入れよう！」

練習を他の保育者が見ていて、自信がなく小さな声のはるとや、ただつぎつぎにセリフを言うだけのいおり、しょうこが気になって、声をかけました。

保育者　はると君だけ背中を持ってたんだね！　どう？

しょうこ　すごーい!!（思わず拍手する）

いつき・いおり　確かにすごーい!!（拍手する）

保育者　それをそのまま言ったらいいんだよ。

はると　（嬉しそうに笑う）

保育後、「仲間とのやりとりを楽しめているのか？劇を通して仲間関係が育っているのか？」という話になりました。練習をするなかでセリフを言えるようになってきていたので、それで劇を楽しんでいると、私は感じていました。しかし、一人の思いに対して、まわりの子の思いを返していくことで、ただセリフを言えるだけの劇と異なる、仲間と劇をする楽しみや仲間関係の深まりとなっていく、という視点が自分に欠けていたと感じました。カマキリを持つ場面ひとつを通して、仲間のはるとへの見方が変わり、その思いが伝わることで、いつも自信のないはるとが仲間に認められて嬉しそうにしていました。まわりの子の思いが伝わりあうことによって、子どもたちの関係が深まっていくと気づかされました。

親と子のつどい　一二月

親と子のつどいでは、保護者に劇を見せました。まだセリフを言うのに精一杯な姿、自信をもてない姿があり、三・四歳児に見せるときには、劇を自分たちで楽しめるようにしていきたいと思いました。

三歳児・四歳児に劇を見せるために、話しあう　一月

・生きものらしく表現する

生活グループ（二二名）で話しあいました。

保育者　たんぽぽ組とちゅうりっぷ組に、どうしたら皆の劇がもっとわかりそう？

ことね　本ものの生きものの動きみたいにしたらもっとわかる！

しょうこ　アヒルは本当にご飯食べてるみたいに上手！　くちばし動かしたりしてるから、本当のアヒルみたい。

ことね　（一グループの）カマキリだったら、もっと本もののカマみたいに大きく動かすとわかるよ。
一グループ　（皆にカマキリのポーズの動きを見せる）
いつき　こう？
みんな　もっと大きく動くといいよ！
けいた　カマキリのカマの先が曲がってるから、曲げた方が本もののカマキリってわかる。
一グループ　（カマの先を曲げ、大きく動く）
みんな　それだったら、たんぽぽとちゅうりっぷも元気なカマキリってわかる！

皆で体験したことがもとになっているからこそ、他の小グループがつくった話であっても、どうしたらいいかを一緒に考えることができると感じました。

・生きものの気持ちを考える

小グループで話をしました。カマキリの話は、田んぼでカマキリを捕まえた後、ペットボトルに入れ、幼稚園に帰って畑に逃がすという展開でしたが、ただ捕まえて逃がすだけの表現になっていたため、カマキリの気持ちを考え、より表現を豊かにしていきたいと思っていました。

保育者　カマキリって捕まってペットボトルに入れられたとき、どんな気持ちなのかな？
いつき　うーん…苦しかったと思う。だってペッボトルのなかって狭いから。
いおり　子どもたち！　ペットボトルから出しておくれ～！　って思ってたと思う。
しょうこ　逃がしてほしいって思ってたと思う。畑のが広いから。

保育者　じゃあ、畑に逃がしてもらったときはどう思ったのかな？
いつき　畑は広くてやっと息ができる〜って思ってると思う。
いおり　幼稚園の畑は草でねっころがって寝れるな〜って思ってるかも（思わず寝転んで足を組み、くつろぐカマキリの真似をする）。
三人　（いおりを見て）あはは〜！
しょうこ　カマキリはそんな恰好して寝ないでしょ！
いおり　そうか〜！　でも草のベッドで寝てると思う。
はると　畑は草がいっぱいあってふかふかだから、カマキリは寝れて気持ちいいと思う。
しょうこ　じゃあ、それも劇のときに言うことにしたらいいんじゃない？
三人　いいね！

カマキリの気持ちを考えたことで、表現にも変化が生まれました。カマキリを畑に逃がすとき、子ども役のしょうこ、はるとはそーっとカマキリを逃がし、カマキリ役のいおり、いつきは嬉しそうな顔でカマを大きく見せながら逃げていき、カマキリの気持ちが表現にあらわれていました。

三・四歳児に劇を見せる　一月

三・四歳児は、「カマキリの話」を見ているときには、カマの動きを真似したり、「私もカマキリ怖い」と共感したり、はるとがカマキリを持つ場面では「すごい！」と一緒に拍手をしたりしていました。皆が幼稚園や遠足で生きものと触れ、同じ体験をしているからこそ、一緒に楽しめるのだと感じました。

卒園式で劇を見せる　三月

その後子どもたちは、他の小グループの劇をしたり、生きものを見るとなりきってあそんだりと、前よりもいっそう仲間との表現を楽しんでいました。「劇をもう一回やりたい」という子どもたちの思いもあり、三月の卒園式でも劇を見せることにしました。

一グループは、「親と子のつどい」のときのリーダーのいつきから替わり、はるとがリーダーになりました。それまで自信のなかったはるとでしたが、リーダーを決める相談のときには「リーダーやってみたい。自分の気持ちを言うのを頑張ってる」と言い、小グループの仲間も「はると君、前は困ったとき何にも言わなかったけど、今はみんなの前で気持ちが言えるようになってきた。リーダーなれそう」と話し、はるとが最後のリーダーに決まりました。

「親と子のつどい」では、カマキリを持つ場面のときに自信なさそうに表現していたはるとでしたが、卒園式に向けた練習では、カマキリを持った手を高くあげ、「背中を持てば大丈夫だよ。ほら！」と大きな声で堂々と見せ、リーダーが最初に言うナレーションも自信をもってやっていました。小グループに向けて「カマキリのポーズをつくるのが遅かったからもう一回練習しよう」と伝えるなど、リーダーとして劇をどうしていきたいか考えていました。

卒園式当日、三・四歳児と五歳児の保護者が参加し、劇を見ます。一グループは、リーダーのはるとの声で集まって練習をしていましたが、そろそろ卒園式がはじまるというときに、はるとが泣いていました。小グループの仲間が「どうしたの？」と聞いても返事がありません。いおりが「劇、心配なの？」と聞くとうなづき、泣きながら絞り出したような声で、「セリフ、わかんなくなっちゃうかもしれない」と言いました。すると、いおり「練習のとき言えてたんだから大丈夫だよ！」、いつき「いつもみたいにやれば大丈夫！」と伝えます。しかし、なかなか気持ちが切り替わりません。するとしょうこが「もしわかんなくなったらグループに聞けば大丈夫！教えたら、はると君言えるでしょ？」。その言葉にはるともうなづき、卒園式に向かいました。

卒園式がはじまり、「カマキリの話」の番です。最初にはるとがナレーターの言葉を言いますが、途中で止まってしまい、泣き出してしまいました。小グループの仲間もしばらく舞台袖で見守っていましたが、泣き出したはるとに、お客さんから見えないよう舞台袖からそっと手招きをして、小さな声で「はるとー！」と呼びかけます。それを見て、はるとも舞台袖に行きました。そして仲間にナレーターの言葉を教えてもらい、「大丈夫。言えるよ」と送り出され、もう一度舞台に戻ってきました。その顔は、先ほどの不安そうな顔とは違い、少し自信をもった顔でした。いつもよりは小さな声ですが、ナレーターの言葉を言い終えるとほっと安心した顔になり、グループでいつものように、カマキリの話を楽しんで見せていました。

卒園式を終えた後、はるとは「グループがいたから劇ができた！」と、スッキリとした顔で言い、グループの仲間も「劇、できたね！」と伝え、一緒に喜んでいました。

まとめ

劇づくりではまず、子どもたちは体験をしたときの自分自身の気持ちを振り返ります。そこに仲間がいて、一緒に具体的に振り返っていくことで、共に体験を共有し、人の気持ちに驚いたり、喜んだり、楽しんだりして、そのときの体験や気持ちがより豊かに、より鮮やかになっていくのです。

「劇を楽しむ」ということは、ただ一人ひとりが立派な演技を見せてセリフを言う、ということではありません。はるとが卒園式で泣いたとき、仲間と考えていくことで、乗り越えました。その背景には、カマキリを持てた場面を通して仲間のはるとへの見方が変わったこと、自信のなかったはるとが仲間に認められたこと、認められたことではるとが自信をもって仲間にかかわり、困ったときも仲間と一緒なら大丈夫だと思えたこと、そのはるとの変化を仲間が認め、共に喜んでいたこと…など、たくさんの場面を通して、仲間関係が築かれていったことがあります。気持ちのやりとりを通して、仲間への見方が互いに変わり、仲間関係が深まっていくことで、何があっても自分たちで考えて乗り越えていける力がついてきたことが、何よりも大切なことだと感じました。

実践⑩ 解説

体験を自分のなかに刻み込んでいくことをめざした劇づくり

田代康子

◉「話しあい」を記録する

平塚幼稚園は、当初から東京保育問題研究会の「伝えあい保育」を実践・研究してきた幼稚園です。「伝えあい保育」の研究で重要な役割をもっていたのは子どもたちの話しあいの記録でした。平塚幼稚園では、保育者が子どもたちのグループの話しあいに入り、保育者も発言しつつ子どもたちの話しあいの内容を書きとり、それをもとに子どもたちは仲間の意見を聞きながらどのように思考を深めているか、そこでの保育者の発言は適切だったのかと検討してきました。半田さんの実践で紹介されている話しあいもこうした記録によります。

◉体験をしっかりと刻み込むための劇づくり

平塚幼稚園では、園内での飼育や野菜の世話、合宿での川あそび・山登り、園外の田んぼの代掻き・田植え・草取り、園舎の建替えに使う木材の伐採見学等々自然とかかわる体験をたくさんします。重視しているのは、それらの体験が子どもたちの心や身体にしっかりと刻み込まれることです。刻み込むためのひとつの取り組みがこの「実体験をもとにした劇づくり」です。「同じ体験を仲間と思い出し、言葉で伝えあう」、「体験で感じたことをセリフにし簡単な物語をつくる」、「それを表現し、親や他学年に伝える」という過程をとり、仲間の思いをぐくることでより深く体験として刻み、そうした仲間との関係の深まりも追究します。今回は全体のテーマを体験した「生きもの」としているので、表現の最後に、とりあげた生きものをグループ員が協力して身体で表現しています。

◉仲間とのかかわりのなかで自分をつかむ

半田さんの実践に登場するはると君は、グループでただ一人カマキリの背中を持てたのですが、子どもたちの劇の練習を見た他の保育者は、はると君のその体験をどう思うかまわりの子どもたちに問い、「すごーい」という反応を引き出し、「それをそのまま劇に入れればいい」と指摘しました。戦前そして戦後の保育問題研究会をつくった乾孝は、「個性というのは仲間との関係でつくられるもの」と述べています。この保育者の問いによってグループの子どもたちの「すごーい」というはると君への評価が明確になりました。それははると君自身にとっても、グループ員にとっても、はると君の魅力発見＝個性発見のときと言えます。

卒園式で劇をする前に、ナレーターをするはると君が「セリフ、わかんなくなっちゃうかもしれない」と泣いたとき、グループ員は「グループが教えたら、はると君言えるでしょ」と励まし、実際はると君もグループ員もその通りにやりました。自分に自信をもち仲間のなかで自分をとらえたはると君だから仲間に弱い自分を出せたし、仲間も、カマキリをつかまえられるけれどセリフがわからなくなっちゃうはると君をありのままに受けとめて支えられるのでしょう。

今回の半田さんの実践には書かれていませんが、その後劇づくりを振り返った後の話しあいをしたとき、はると君は「たんぽぽ組（年少組）のときはカマキリこわかった」と言い、最初から持てたと思っていたグループ員を驚かせました。「最初に見つけたときは、しょうこちゃんたちと一緒でカマがこわかった。だけど、ふじ組（年長組）が教えてくれたから持てた」と語り、グループ員も「だから背中を持てば大丈夫って言ったんだね」と、劇づくりでのはると君の発言を思い出しています。この振り返りのときの子どもたちの発言を読むと、劇をつくっていく過程で誰が何を言ったかをよく覚えていることがわかります。それだけに子どもたちの話しあいに加わる保育者は、半田さんも書かれていますが、鋭い問いかけの力と、一人ひとりをしっかりみとめるまなざしが求められるのでしょう。

⑪…人生をおもしろがる力を育てる演劇活動（五歳児）

佐伯由佳（熊本保問研）

園の概要

やまなみこども園は認可外保育園です。開園四三年目。産休明けからから学童クラスまで、一六〇名の子どもたちが暮らしている認可外保育園です。晴れていればどのクラスも散歩に出かけ自然のなかでさまざまなあそびをくり広げて帰ってきます。うたや、リズムの表現活動、描画・製作も暮らしのなかでたっぷり行います。いろいろな保育活動のなかで、一人ひとりが自分らしく、居心地のいい毎日をすごせるようみんなで考え、保育を展開しています。年長きりん組は男の子二五名、女の子一一名。担任は二名で元気がいいクラスでした。元気がよすぎて、落ち着いて話を聞くことが課題のクラスでした。

表現する楽しさをおとなもともに共有する

やまなみこども園には、本ものの芸術や音楽を子どもたちに渡していく文化があります。行事のときだけではなく、それは普段のくらしのなかにもあります。散歩で子どもたちが「森は生きている」の歌をうたい出すと、みんなもうたい出し、それがいつしか大合唱になるということが、よくあります。そういうとき、担任が木の枝を拾って「それでは森の点呼をはじめよう」と叫べば、子どもたちは木の陰に隠れて動物になる〝森は生きている〟のワンシーンがはじまったりします。おとなも子どもも日ごろの生活のなかで自分を表現し、それを仲間と認めあう楽しさを知っています。

また職員は、子どもたちの前で演劇やコンサートを披露します。そのときには、専門の指導者に演出してもらいます。自分が演じてみると「自由にしてごらん」と言われることの窮屈さに気づかされます。「こんな風にするといい」と具体的にアドバイスをもらうと気持ちが解放され、とても自由に表現することができます。それは子どもも同じこと、的確なアドバイスができるようにおとなが感性を磨くことが大事なことだと職員間で確認しあっています。

演劇活動が子どもを育てる（やまなみこども園での劇づくり）

演劇活動の大きな柱は、運動会で行う野外劇と、発表会で行う演劇です。

①題材・脚本・音楽は、そのときの子どもたちの興味があるものや、担任が子どもたちに伝えたいものを議論し決めておとなが用意する。
②配役も子どもたちの特徴や、課題などを考慮しておとなが決める。
③セリフは職員が子どもたちに、読んで聞かせて覚えていく。
④ときにはおとなも、子どもと同じ舞台に立つ。
⑤取り組み期間は、基本的に三週間。このくらいの期間だと子どもが夢中になれる。

野外で劇をする心地よさ

秋にあるわが園の運動会は、子どもたちの成長をみんなで祝う「運動会祭り」です。

三・四・五歳児が合同で行う「野外劇」では、今まで数々の文学作品に取り組んできました。年長になると三歳からの積み重ねもあり、取り組む姿勢が違います。「このシーンに出たい人?」と聞くと「はい! はいはい!」と意欲的です。四歳のときとは違った姿勢に、一年の成長を再確認します。「私たちもあの年長になれたんだ」と、憧れの舞台に立つのを楽しみにしている姿を見ていると、子どもたちは総合芸術の要素が高い演劇を、成長の節目である五歳児のこの時期に求めているのだと思います。だからこそ、音楽や身体表現や魅力的な言葉あふれる演劇が、自分の精一杯を表現できる最高の喜びだとわかっているかのように、いきいきと演じるのだと思うのです。

今年の野外劇は『おしいれのぼうけん』(童心社)に挑戦しました。

例年野外劇では子どもたちはセリフを言いません。音楽とナレーターのセリフにあわせて身体表現をして物語を構成していきます。発表会でする演劇の前に、野外劇での身体表現を体験することが、まずは大切だと考えていました。しかし今年は、さとしとあきらのセリフをおとなが言って子どもが動くのは、どうしても違和感があるので、子どもたちが言うことにしました。セリフを言う子と表現する子の息をあわせないといけないので、より高度なことを要求されるのですが、見事にやってのけました。

ちーちゃんはとても気の強い女の子です。一度へそを曲げるといつまでも怒ってにらみつけてきます。〝こんな自分は嫌だ。でもどうすりゃいいのよ！〟という葛藤が嵐のように渦巻いているように思います。前向きなエネルギーをまっとうに表現できない不器用さをもっているのでしょう。お友だちと、一時間以上取っ組み合いのけんかをして、最後は手をつけられなくなることが何度もありました。

そんなプライドの高いちーちゃんは、運動があまり得意ではありませんでした。走りなわとびもかけっこもゆっくりです。でもそんなことは気にしていないように見えました。しかし運動会の前日、暗い表情で私の膝に乗ってきました。そして「運動会ってこんなに不安なの？」と聞いてきました。

保　「どうして？」と聞くと

ち　「とび箱とべるかわからんし、かけっこも遅いし、走り縄跳びも遅いから」

保「ちーちゃんは、運動会でなにが楽しい？」

ち「野外劇。野外劇大好き」

保「じゃ野外劇を楽しめばいいよ。野外劇が苦手だなって思う子もいるかもしれない。みんな顔には出さないけどおんなじ気持ちかもしれないよ」

そう言うとにっこりしました。

ちーちゃんが、そんなふうに不安を抱いているとは思ってもいませんでした。運動会当日不安を吹き飛ばし、それでもやっぱり跳び箱に向かう姿に感動するのです。堂々と跳び箱を跳び越し晴れやかな顔で走り縄跳びをしていました。跳び箱には、自信がもてなくても野外劇が背中を押してくれるのです。

年長になると子どもたちは、運動会を一つの物語として全体をとらえることができるようになると思いました。できる、できないにこだわらない職員の思い、「子どもの成長をみんなで祝う運動会祭り」のテーマがしっかり伝わっていて、楽しんでいるように思うのです。

「ごめんなさいなんていうもんか！　なくなさとちゃん！　手をつなごう！」いつもは、にらみつけて何にも言わないけど、劇でならセリフを使ってかっこいい自分になることができる。野外劇のちーちゃんは輝いていました。運動会という、成長の節を自らつかみ取り、乗り越えたちーちゃんは、以前よりずっと優しくなりました。それでもやっぱり時々は取っ組み合いのけんかを思いっきりしています。それでもいいのです。ちーちゃんのなかにもきっと、さとし

はいるのです。優しいさとしの気持ちに共感できるからこそ、あんなに素敵なさとしを演じたのでしょうから。

やまなみの脚本を書く山並啓さんは言います。〝演劇とは、作者の仕組んだ筋書きに基づき演者がセリフによって物語を表現していくもの。セリフやテーマを自分の都合にいいように解釈して、今いるところにその世界を引き寄せることはできない。自分がその物語の高みにゆかなくては演劇として成立しない。そんな演劇だからこそ子どもたちは、厳しさのなかに心地よさを発見する〟

たしかに、野外で演劇をしている子どもたちの表情は、緊張でこわばった顔でもなく、見ていてうらやましくなるほど、心地よい顔をしているのです。そしてその舞台に共に立つおとなもやっぱり心地よく、見ているお客さんも幸せに包まれるのです。

自ら壁を乗り越える演劇体験

発表会は演劇ホールで行い五〇〇名の観客席が満席になります。いつもとは違う環境なので緊張もするし応用力を求められます。

まさきは、年中のとき演じた『ロボットカミイ』（福音館書店）のたけしのセリフを言いませんでした。年中でセリフを怒って言わなかったのは、やまなみこども園の歴史ではじめてのことでした。お掃除ダンスで使うちりとりの色が違ったそうです。五〇〇名の観客が、まさきを見つめセリフを待ちましたが、目に涙をためて口をへの字に曲げて言いませんでした。まわりにいた子もきっとセリフは覚えていましたが、まさきの表情を見て察したのか、だれも急がしたりしませんでした。

「じゃ私が言おうか？いいの？」と聞くと、黙ってうなづいたのでそこは私（佐伯）が言いました。

まさきにとって年中の発表会は後悔の残るものになりました。その練習のときまさきがまた口をへの字に曲げて自分の場面に出てきません。ダンスのとき足があたったというのです。あてた子が謝っても立ち直ることができません。しばらく待っても出てきません。何度かそういう場面がありました。その度に年中のときの記憶が思い出されるのでしょう、自分でもどうしていいのかわからないようでした。何度目かのとき、

保　「自分ができない理由を探せば山ほどあるよ。足があたったとか、道具がないとか。そうやって言いわけを見つけるか、自分で覚悟を決めてセリフを言うか、それはまさきが決めればいい」

ひろ　「俺も手とかあたるけどやってるよ」

もも　「なくても（道具が）もってるみたいにすればいいよね」

それ以上は言わずに、ひとつ前のシーンからするとまさきは出てきてちゃんと自分のセリフを言いました。あえて何も言わずにいると、その場面が終わったときにひろが、まさきの隣に座っていました。「頑張ったね」と言わんばかりに。まわりの仲間もまさきの一歩がうれしかったようでした。それからまさきがセリフを言わないことは一度もありませんでした。

そして発表会当日、まさきのお母さんも祈るような気持ちで見ていたそうです。まさきは自分の場面を見事に演じソロの歌もうたいきりました。壁を乗り越えたまさきの歌声は、すばらしく会場を感動させました。

演劇をつくっていく過程でおとなも子どもも、さまざまな壁にぶつかります。そのときはそばにいるおとなも苦しい。でもその壁を仲間とともに乗り越えるとき、私たちの想像を超えて子どもたちが飛躍する瞬間を何度も体験してきました。

仲間との記憶が人生を支える

二〇数年も前のことになります。その年の発表会で『星になったりゅうのきば』(福音館書店)をしました。表現の仕方は拙いものでしたが、子どもの表現力に助けられて、素晴らしい発表会になりました。

ふみこちゃんはおとなしいけれど、芯のしっかりした女の子でした。運動会のときなかなか逆上がりができなくて、私たちが止めても首を横に振り、手にマメをたくさんこさえて何度も挑戦するひたむきなふみこちゃんの瞳を、今でもしっかりと覚えています。卒園してしばらくして、ふみこちゃんが小学生に上がって理不尽ないじめにあっているとお母さんが相談にこられました。

あんなに優しいふみこちゃんが何故だろうと悲しい気持ちになりました。
「ふみこちゃんはどうしてますか?」と聞くと、毎日やまT（卒園期に年長児で作る記念Tシャツ）を着て学校に行くそうです。「みんながついてるから」と。一人ぼっちの帰り道、石をけりながらふみこちゃんは〝星になったりゅうのきば〟のテーマソングをうたい帰っていたそうです。

♪すすめ　すすめ　すすめ　たとえつらい道でも　すすめ　すすめ　すすめ　愛する人とともに

♪　みんなで演じた〝星になったりゅうのきば〟の歌をうたえば仲間を思い出し、幸せの記憶に包まれて、一人ぼっちの帰り道をどれだけ勇気づけることができたか。

子どもだって苦しいことや悲しいことがある。しかしそんなときふっと顔をあげるきっかけになったり、勇気をもらえるのが音楽や文学だと思うのです。だからこそ上質のものをたくさん渡してあげたいのです。保育という仕事は一日で終わるその日暮らしの仕事ではありません。毎日の大小さまざまな体験が子どものなかに蓄積され、それを土台に子どもたちは成長していく。その水先案内人をするのが保育者の仕事だと私は思います。

おわりに

こうした演劇体験が、これから子どもたちに起こりうる困難を乗り越える力になるかもしれない。人生っていいものだよ。絵本、文学、演劇は「それでいいんだよ」と子どもたちをありのままに肯定し、前に向かって背中をそっと押してくれる力をもっています。仲間とともに体験すれば、その記憶はより深く刻まれるものでしょう。だからこそ幼児期の演劇活動がとても重要だと考えています。音楽や芸術は形の決まったものではなく、もっと自由なものだと思うのです。形式に子どもを当てはめるのではなく、子どもたちにあわせて自由につくりあげていくものだと思います。そのためには物語の本質をおとながつかみ取り、子どもたちにゆだねることなくきちんと伝えていく。その努力を怠ってはならないと思うのです。

保育者が子どもたちと演劇をする意味は一つではないけれど、限られた時間のなかで子どもたちに贈ることができる贈りもののひとつなのではないでしょうか。いやもしかしたら、その子どもたちの姿に勇気や希望をもらっているのは私たちおとなのほうかもしれません。

実践⑪ 解説

演劇で、大きな壁を一気に突き抜ける瞬間をつかんでほしい

田代康子

◉やまなみこども園の保育のなかでの「演劇」の位置

やまなみこども園が文学分科会ではじめて演劇の実践を提案したのは、第五〇回全国集会（二〇一一年）でした。「劇づくり」ではなく「演劇」という発想も、子どもたちが大きな舞台で表情も声も動きもいきいきとしかも堂々と演じている映像も、衝撃でした。

そのときの提案には、「子どもたちは、総合芸術である演劇こそ自分の成長の節目である五歳児のこのときに求めるのだ。子どもたちが本ものの舞台に立つ為には、それまでの暮らしの確かな土壌が必要です。豊かな生活経験、文化体験を経てこそのものです。子どもたちはそのことをちゃんと知っていて、自分自身にその力が備わっていたと感じるときに音楽や身体表現や素敵で磨かれた言葉にあふれる演劇の舞台にたち、自分の今もてる力を試してみたいと願うのです」（『季刊保育問題研究』二四八号、二四三頁）とありました。

やまなみこども園の生活は、散歩、ウシガエルやザリガニを捕まえて飼育、梅干しや味噌づくり、広いホールでのリズム表現や歌、プロの舞台の鑑賞など、クラスをこえ園全体が大きな異年齢集団としてあそび、生活しています。やまなみの保育者は子どもたちに無理になにかをさせません。「子どもたち一人ひとりが自発的、内在的な自己革新力をもっていて、私たちの保育を含めた何らかのきっかけによってその力が表出し、その子は次の新しい風景に立ち、うたい、歩いていく」（同書二八四号、二四八頁）と考えているからです。子どもたちの葛藤を見つめ、子どもが自分のペースで判断しやってみようとする瞬間を待つのです。こうした生活を経て、年長児は一〇月の野外劇、二月の発表会と二つの演劇に挑戦するのです。

◉「演劇」をつくるうえでのおとなの位置

佐伯さんも引用していますが、やまなみこども園には、「自分がその物語の高みにゆかなくては演劇は成立しない」（同書二四八号、二四四頁）という考え方が基本にあります。

ですから、子どもたちと相談して題材を選び、劇の筋を考え、セリフや動きを子どもたちの意見によってつくっていくやり方ではありません。保育者集団の議論によって今年度の子どもたちが演じるのにふさわしい題材をそれまでに読んできた物語から決め、保育者が脚本をつくり、脚本に添っておとながその役の子どもにそのシーンの状況を伝え、子どもにセリフを伝え、子どもと共同作業で表現をつくっていきます。五歳児の演劇は、担任だけでなく、未満児クラスの職員や給食職員も、自分の時間が許すときにパッときてアドバイスをするなど、全職員集団がチームとしてかかわります。

「子どもたちは実際に体験したことのないできごとでも、劇のなかでその主人公のセリフや表現を自分の身体をくぐって体現することで、物語のなかの喜びや悲しみ、他人の苦しみを共有・共存することなどを追体験する」（同書二七八号、二四六頁）と考えています。これは多くの園で取り組む「劇」でも同じことだと思います。そのうえで、やまなみこども園がとくに大切にしているのは、子どもが役を演じ、その役の心情に迫りそこを表現しようとするとき、子どもは現実の自分のなかの心情と重ね、自分の心情を意識せざるを得なくなることです。そこで、今その子どもが困っていることや乗り越えるべき課題をとらえ、この役なら今のあの子の心情と重なって表現でき、そのことで自分自身を一歩進める手がかりがえられるのではないかと願いをこめて、おとなが配役を決めるのです。

さらに、子どもたちが役の心情により迫れるように、ときに同じ舞台におとなが立ち、おとなとのやり取りのなかで表現することも試みます。やまなみこども園の野外劇は音楽とおとなのナレーションを聞きながら自分の身体でそれを表現するやり方でしたが、この実践ではセリフを聞きながら身体で表現しています。こうした野外劇のやり方の変更は、その年度の子どもの状況や題材によって、より意味があるやり方を検討して決めていくからです。それは舞台装置、衣装、音楽などについても同じです。年度ごとに子どもたちが違うのだから、いつも同じやり方というのは無理があると考えているのです。子どもたちを見つめる真摯な職員集団のとらえ方があってはじめて可能なのだと思います。

佐伯さんは、「専門家に踊りの指導を受けると、自分の身体の動きや表現が今までとは違って驚くような素敵な表現ができ、自分が一歩進んだと自分の成長が誇らしくなる。演劇の指導でも同じ。おとなの適切な指摘があると、子どもたちはスッと自分を飛躍させる。そこを大切にしたいのです」と言います。それが「自分が物語の高みにゆく」ということなのでしょう。

◉新たな視点から学ぶ

やまなみこども園の提案は分科会でいつも論争になります。「園の文化」が大きく違うからです。「そんなことはうちの園では無理だ」と切り捨ててはいけない、違いがあってもその実践の考え方や向きあい方など今まで考えもしなかった新たな視点が示されたのだから、その意味を考え、自分の実践を見直してみようと、分科会では毎回確認してきました。一連の演劇の提案は、「園の文化」の意味や議論の仕方を学ぶきっかけにもなり、認識と表現―文学分科会に刺激を与えてくれました。

コラム

Ⅲ－①

絵本から広がる、おはなし劇ごっこあそび・劇あそび・劇づくり

徳永満理

はじめに

兵庫保問研は、文学部会の活動の一貫として、毎年、その年の生活発表会での劇あそびや劇づくりのビデオを持ちより、実践と講座を交えての保育学校を三〇数年続けています。講座は開講当初から田川浩三氏が、氏が退任されてからは徳永が担当して今に至っています。講座内容は一歳児から五歳児までの年齢別の五回連続講座とし、ビデオは、保問研で研究活動に参加している会員に持ち寄ってもらっています。それを役員会や文学部会で観て提案者を決め、ビデオと口頭での提案、講座でビデオ解説、そして意見交流をしています。

劇あそびは日常のごっこあそびから

おはなしごっこあそび・劇あそび・劇づくりに入る前に、まずその土台となるごっこあそびについて述べます。一歳前後によく見られるようになるおとなや周りのものの真似あそび

は、やがて、二歳をすぎるころには、簡単なお買いものごっこなどの日常生活を再現したあそびになります。ダンボールをバスに見たてて運転手さんやお客さんのふりをしてあそぶなど、月齢を重ねるごとにそれらしくなって、何人かの友だちとのやり取りもするようになります。三歳から四歳半ばには、お父さん、お母さん、赤ちゃんなどになってあそんでいるうちに、お医者さんごっこに発展するなどして、エンドレスであそぶ姿が見られるようになります。五歳すぎるころには美容師や医者、お店屋さんなどの役割をもって、おとなの社会を再現してあそぶようになります。この日常生活からのごっこあそびこそが、絵本などのおはなしを聞いて、何かになってあそびたいという、想像あそびの力を育むことになるのです。昨今、自由あそびのときなど、ブロックなど形にするあそびはさかんなようですが、子どもたちが、思わずごっこあそびをしたくなるような、年齢にあわせたごっこのコーナーの仕掛けをすることも、想像あそびを育む上で大切にしたいと思っています。

子どもが発見する〝おはなし劇ごっこあそび・劇あそび・劇づくり〟を

保育学校での課題は、やらされるのではなく、子どもたちが、自分たちでつくったと実感のもてるあそびにすることです。開校当初は、おはなし劇ごっこあそびも劇あそび・劇づくりも同一線上にあり、一歳児から五歳児まで形は違いますが、おはなしの筋に乗せて子どもを動かすというあそび方が多くありました。一・二歳児は保育者主導とはいえ、子どもの発する言葉やしぐさなどはそっちのけで、一方的に保育者が言葉かけをし、強引に引っ張ってしまうため、子どもたちの気持ちがあそびから離れてしまうという悩みも出されていました。三・四歳児は筋を追って、セリフを覚えさせられたのが丸出しの言い回しとなり、誰かが忘れると、そこからは素に戻りはじけてしまうというビデオも観ました。五歳児はさすが一応形にはなっているのですが、作品の理解とあそびが十分でなく、子どもたちの気持ちの入っていない劇もありました。ともかく、あそぶというより、やらされているという感の強いものが多くありました。

そこで、子どもたちが受け身で絵本を見るだけではなく、感じたことを言葉や身体で自由に表現できるような読みあいをし、読んだ後は、子どもたちからあそぼうと声の上がった場面をあそぶという実践をしてきました。すると子どもたちのあそびはいきいきとし、自らの想像や工夫が生まれることを実感するようになりました。それをおはなし劇ごっこあそびとしています。

『おおきなカエル　ティダリク』（福音館書店）の絵本からの四歳児クラスのあそびを紹介します。

喉の渇いたティダリクがお腹いっぱいに水を飲み、吐き出す場面をごっこにしてあそんでいるのです。子どもたちが川の水になり、ティダリクになった担任に飲み込まれ、吐き出されるというのを繰り返しているのですが、ピアノの椅子にお腹を出し胡坐をかいて座っているティダリクとその椅子の下を、川たちがくぐり抜けるという単純なあそびなのです。ところが、ティダリクが笑ったり、怒ったりするとそれにあわせて、お腹のなかの水は渦巻になる子がいたり、ころころ転がる子がいたり、波のようにうねる子がいたり、川の水の変化を表現し、いきいきとしてエンドレスで楽しんでいるのです。

このように二歳児ころから楽しめるようになるおはなし劇ごっこあそびは、幼児たちの劇あそびや劇づくりのなかでも、やらされるあそびではなく、自分たちで発見しながら場面を膨らませるあそびとして大切にしたいあそびなのです。

おわりに

ごっこあそびにしろ、おはなし劇ごっこあそび、劇あそび・劇づくりにしろ、あそんでいる相手や観ている人に伝わらないとお互いにおもしろくないのです。そのためには、言葉獲得のプロセスにある乳幼児にとっては、言葉以上に、身体で表現する方が伝わりやすいし楽しいことでもあるのです。想像力が育ってくる二歳頃からみたて・つもりあそびがさかんになるので、その身体表現力を育てることも忘れてはならないことだと思います。カエルになったら、カエルらしく見えるように身ぶりをするあそびなどをたっぷりしたいですね。そのあそびが、五歳児の劇づくりのときの演技力につながるのですから。

ただ、そのためには、実際のものに触れたり体験したりすることも大切です。この表現力の育ちについては、字数の関係で十分に触れることができませんが、心に留めておきたいことです。

コラム

Ⅲ－②

教材分析・身ぶり表現は劇づくりのテーマを深める

山﨑由紀子

●教材分析は集団で

今、子どもたちの劇づくりや教材分析は変化してきています。これまでは、劇づくりのために絵本を保育者が簡単に分析し、筋書通りに子どもの劇をつくってきました。今も全国の多くの園で行われています。子どもたちは保育者に言われたことを覚えて演じ、発表会が終われば、次の行事へ切り替えていきます。

大阪保育問題研究会・文学部会では、これまで根強く残る保育者・教師主導型の保育ではなく、子どもが主体の劇づくりを！　誰もが主体の劇づくりを！　に取り組んできました。この課題のために、これまでのように教材分析を担任が一人でするのではなく、職員集団で行ないました。共同での分析は他者との違いに気づき、出てきた違いが分析の幅を拡げます。

また、職員集団に限らず集団的に行う教材分析には、保育者の育った時代、地域、家庭での生活経験など、からだを通して得てきたものが反映・表現されます。ときに家族で助けあっていた農家の暮らしなどを聞いて、若い保育者が驚きながら相互におはなしの背景を拡大していきます。話すのが苦手な保育者も自ら発言しはじめたり、相手の話もじっくり聞くようになったりなど、集団での分析は拡がり深まり、保育者を変化させていきます。

さらに、教材分析で気づいたことを含めてからだで表現しあうことにより、単に言葉での表現と、それぞれが想像していたこととの違いが顕在化します。これによりおはなしの意味をより深めることができます。

この教材分析を経験した保育者は、何事もはじめてで知りたいことばかりの子どもたちの発見や驚きを認めあい、みんなでおはなしの世界を少しずつ共有しながら新たな世界を創り出していくことができます。子どものからだでの表現に間違いなどなく、経験している個々の違いからスタートして、想像世界の共有をしていきます。おはなしの新たな世界での発見や疑問や挑戦も想像しあい、やがて、道具や背景や歌など加え、自然に出てきたセリフを言いあい、劇は重層的・総合的につくり出されます。こうして、クラス独自の劇が、劇発表会に結実されていきます。楽しい歌をうたい描き、亀谷純雄氏の言う読書歴を問える保育者と子どもたちのいる各園での教材分析の創造的展開を出しあいましょう。

身ぶり表現で深める劇づくり

からだで表現する身ぶり表現を、大阪から全国へ提案しはじめた初期、一九八四年『北極のムーシカ・ミーシカ』（理論社）の劇づくりで、山﨑が報告をし「身ぶり表現とは」が論議になりました。運営委員であった亀谷純雄氏の身ぶり表現の要約では「手足を使いながら、相手とかかわり、生きる力をつけていく。最初は模倣であってよいが、模倣を再現するなかで発見があり、それが子どもたちの創造を養っていく。そのためには身ぶり表現と読書歴をもっていることが大切になる」（第二三回集会分科会報告、『季刊保育問題研究』八七号、一一六頁、八四年）でした。

以降、大阪からほぼ毎年のように、身ぶり表現から普段のあそび、劇あそび、劇を報告してきました。

身ぶり表現とは、見たものや感じたことをからだでふり行為しながら相手に伝えようとし、それを見て話しあうように表現しあうことを言います。つもりになって現実の模倣から予期していない想像をし、現実にないものやできないことを表現します。このからだによる表現は、言葉獲得以前の子どもにとっては言葉の代わりであり、言語獲得ほぼ完成期にある五歳児になってもなお、言葉以上の気持ちや意味を考え身ぶり表現しながら創造し、認識を深めていきます。

身ぶり表現から劇づくりをし、文学を深める

おはなしの主人公は、子どもたちと同じく小さかったり、幼なかったり、弱くてできないことが多く失敗もします。また、怖がりで一人ぼっちで、怠け者であったりします。けれども、劇づくりを続けていくなかで、困難に出会うたびに知恵をしぼったり、勇気を出して大きく強くなって人を助けたり村を救うなど、成長変化する主人公になって大きなテーマを体験していきます。みんなが共に考えあい、平和な暮らしができるようになるといった人間の生き方に気づいていきます。

おはなしのテーマは、おはなしを一、二回聞いただけでは伝わりません。繰り返し聞き、

絵を見て身ぶり表現をしあってイメージの共有をし、もっと知りたいと思い、知らないことは家族の力も借り、自分でも他の絵本や図鑑を見たりしながら興味を深めていきます。劇づくりをしながらおはなしのなかで考え、描かれていないことを表現するなど、もっとこうしてみたい、どうしてこうなってしまったのだろうと考えはじめ、解釈が深まっていきます。こうした、取り組のなかでは臨機応変の苦手な子どもたちも自分で修正しながらセリフを入れ込むなど、どの子どもも楽しんで自信をもって、劇をつくりあげていきます。

人間はからだを通して、絶えず環境との相互作用により生きています。私たちは子どもたちとともに、自然を含め文化的環境である絵本を教材分析して、からだで表現する身ぶり表現により個々の違いを言葉も添えて話しあい、イメージを共有して、より拡げ深めてきました。この文学や劇づくりの世界は、意味の探求であり新たな考えを導き出す子どもの哲学であり、教材分析も含めてさらに多様に総合的に変化を遂げていくのではないかと考えます。

著　者	出版年	発行所
せなけいこ作・絵	1972	福音館書店
飯野和好作	2000	クレヨンハウス
松谷みよ子脚本・二俣英五郎画	1970	童心社
川端誠作	1998	クレヨンハウス
ラッセル・ホーバン文・リリアン・ホーバン絵・福本友美子訳	2003	あすなろ書房
浜田廣介文・池田龍雄絵	1965	偕成社
梅田佳子文・梅田俊作絵	1988	三起商行
とだこうしろう作	1989	戸田デザイン研究室
中村翔子作・はたこうしろう絵	2001	すずき出版
ゆきのゆみこ・上野与志作・末崎茂樹絵	1997	ひさかたチャイルド
末吉暁子作・林明子絵	1978	偕成社
マルシャーク，S. 作・滝平二郎絵・西郷竹彦訳	1968	学研
加藤暁子作・三好碩也絵	1996	創風社
エウゲーニー・M・ラチョフ絵・内田莉莎子訳	1965	福音館書店
長谷川摂子作・ふりやなな画	1990	福音館書店
林明子作・絵	1984	福音館書店
筒井頼子作・林明子絵	1977	福音館書店
長谷川摂子ぶん・川上越子え	1990	福音館書店
得田之久脚本・絵	2005	童心社
西村繁男作	2012	福音館書店
竹中マユミ文・絵	2008	偕成社
マリサビーナ・ルッソ作・絵・青木久子訳	1994	徳間書店
間所ひさこ作・仲川道子絵	1981	PHP 研究所
国松エリカ作・絵	1995	偕成社
かこさとし脚本・瀬名恵子画	1975	童心社
ビアンキ作・チャルーシン絵・おちあいかこ・あさひみちこ訳	1983	新読書社
さいとうしのぶ作・絵	2009	ひさかたチャイルド
間所ひさこ作・仲川道子絵	1983	PHP 研究所
神沢利子文・長新太絵	1973	あかね書房
グリム作・フェリクス・ホフマン絵・瀬田貞二訳	1967	福音館書店
油野誠一作	1998	福音館書店
ヒュウ・ロフティング文・横山隆一絵・光吉夏弥訳	1954	岩波書店
大塚勇三再話・赤羽末吉画	1967	福音館書店
ときありえ解説・文	2001	講談社
カルロ・コルローディ作・臼井都画・安藤美紀夫訳	1970	福音館書店
ふるたたるひ、たばたせいいち作	1974	童心社
古田足日作・堀内誠一絵	1970	福音館書店
斎藤惇夫作・薮内正幸画	1982	岩波書店
君島久子再話・赤羽末吉画・蕭甘牛採話	1976	福音館書店

資料1　本書に出てくる絵本リスト

章	頁数	書　　名
Ⅱ❶	35	『きれいなはこ』
Ⅱ❶	39	『くろずみ小太郎旅日記 その3　妖鬼アメフラシ姫の巻』
Ⅱ❶	41	『たべられたやまんば』（紙芝居）
Ⅱ❶解説	43	『落語絵本4　じゅげむ』
Ⅱ❷	48	『むしゃくしゃかぞく』
Ⅱ❷	50	『ないたあかおに』
Ⅱ❷	51	『てんぐだいこどんどん』
Ⅱ❷	52	『昆虫とあそぼう』
Ⅱ❷	52	『しりとりの大好きなおうさま』
Ⅱ❷	53	『わんぱくだんのゆきまつり』
Ⅱ❷	54	『もりのかくれんぼう』
Ⅱ❸	61	『ちいさいおしろ』
Ⅱ❸	61	『ホップ・ステップ・ジャンプくん』
Ⅱ❸	63	『てぶくろ』
Ⅱ❸	63	『めっきらもっきらどおんどん』
Ⅱ❸	64	『はじめてのキャンプ』
Ⅱ❸	64	『はじめてのおつかい』
Ⅱ❸	64	『ことろのばんば』
Ⅱ❹	78	『ダンゴムシのともだち』
Ⅱ❹解説	81	月刊こどもの本『ターくんのちいさないけ』
Ⅱ❹解説	81	『おたまじゃくしのチャム』
Ⅲ❺	87	『ぎょうれつ　ぎょうれつ』
Ⅲ❺	88	『10ぴきのかえる』
Ⅲ❺	88	『きつねのおふろ』
Ⅲ❺	89	『ひよこのろくちゃん』
Ⅲ❺	90	『わんぱくすずめのチック』
Ⅲ❻	100	『おかいものおかいもの』
Ⅲ❻	104	『ぎろろんやまと10ぴきのかえる』
Ⅲ❼	115	『いたずらラッコとおなべのほし』
Ⅲ❼	116	『おおかみと七ひきのこやぎ』
Ⅲ❽	127	『まじょのくに』
Ⅲ❽	128	『もりのおばあさん』
Ⅲ❾	140	『スーホの白い馬』
Ⅲ❾	140	『ピノキオ』
Ⅲ❾	140	『ピノッキオのぼうけん』
Ⅲ⑪	166	『おしいれのぼうけん』
Ⅲ⑪	169	『ロボットカミイ』
Ⅲ⑪	169	『冒険者たち』
Ⅲ⑪	171	『ほしになった りゅうのきば』

資料２　全国保育問題研究集会　世話人・運営委員一覧

第 13 回	1974	表現活動 - 文学	福光えみ子	清水千世子	日紫喜和子			
第 14 回	75	表現活動 - 文学	乾孝					
第 15 回	76	表現活動 - 文学	乾孝					
第 16 回	77	表現活動 - 文学	種田ようすけ					
第 17 回	78	認識と表現 - 文学	かつおきんや					
第 18 回	79	認識と表現 - 文学	亀谷純雄	谷　暎子	田川浩三			
第 19 回	80	認識と表現 - 文学	亀谷純雄	谷　暎子	田川浩三			
第 20 回	81	認識と表現 - 文学	亀谷純雄	谷　暎子	田川浩三	宮島通江		
第 21 回	82	認識と表現 - 文学	亀谷純雄	谷　暎子	田川浩三	宮島通江		
第 22 回	83	認識と表現 - 文学	亀谷純雄		田川浩三	宮島通江		
第 23 回	84	認識と表現 - 文学	亀谷純雄	坂本美頬子	田川浩三			
第 24 回	85	認識と表現 - 文学	亀谷純雄	坂本美頬子	田川浩三	中島常安		
第 25 回	86	認識と表現 - 文学	亀谷純雄	坂本美頬子		中島常安		
第 26 回	87	認識と表現 - 文学	亀谷純雄	坂本美頬子		中島常安		
第 27 回	88	認識と表現 - 文学	亀谷純雄	坂本美頬子	田川浩三	中島常安		
第 28 回	89	認識と表現 - 文学	亀谷純雄	坂本美頬子	田川浩三			
第 29 回	90	認識と表現 - 文学	亀谷純雄	坂本美頬子	田川浩三	中島常安	照屋敏勝	
第 30 回	91	認識と表現 - 文学	亀谷純雄	坂本美頬子	田川浩三	中島常安	照屋敏勝	
第 31 回	92	認識と表現 - 文学	亀谷純雄	坂本美頬子	田川浩三	中島常安		
第 32 回	93	認識と表現 - 文学	亀谷純雄	坂本美頬子	田川浩三	中島常安		
第 33 回	94	認識と表現 - 文学	田代康子	坂本美頬子	田川浩三	中島常安		
第 34 回	95	認識と表現 - 文学	亀谷純雄	坂本美頬子	田川浩三	中島常安		
第 35 回	96	認識と表現 - 文学	亀谷純雄	坂本美頬子	田川浩三	中島常安		
第 36 回	97	認識と表現 - 文学	亀谷純雄	坂本美頬子		中島常安	西川由紀子	
第 37 回	98	認識と表現 - 文学	亀谷純雄	坂本美頬子	田川浩三	中島常安	西川由紀子	
第 38 回	99	認識と表現 - 文学	亀谷純雄	坂本美頬子	田川浩三	中島常安	西川由紀子	
第 39 回	2000	認識と表現 - 文学	亀谷純雄	坂本美頬子	徳永満理	中島常安	西川由紀子	
第 40 回	01	認識と表現 - 文学	亀谷純雄	坂本美頬子	徳永満理	中島常安	西川由紀子	
第 41 回	02	認識と表現 - 文学	種田ようすけ	坂本美頬子	徳永満理	中島常安	西川由紀子	
第 42 回	03	認識と表現 - 文学	種田ようすけ	坂本美頬子	徳永満理	中島常安	西川由紀子	
第 43 回	04	認識と表現 - 文学	田代康子	坂本美頬子	徳永満理	中島常安	西川由紀子	
第 44 回	05	認識と表現 - 文学	田代康子	山﨑由紀子	徳永満理	中島常安	西川由紀子	
第 45 回	06	認識と表現 - 文学	田代康子	山﨑由紀子	徳永満理	中島常安	西川由紀子	
第 46 回	07	認識と表現 - 文学	田代康子	山﨑由紀子	徳永満理	中島常安	西川由紀子	
第 47 回	08	認識と表現 - 文学	田代康子	山﨑由紀子	徳永満理	中島常安	西川由紀子	
第 48 回	09	認識と表現 - 文学	田代康子	山﨑由紀子	徳永満理	中島常安	西川由紀子	
第 49 回	10	認識と表現 - 文学	田代康子	山﨑由紀子	徳永満理	中島常安	西川由紀子	
第 50 回	11	認識と表現 - 文学	田代康子	山﨑由紀子	徳永満理	中島常安	西川由紀子	
第 51 回	12	認識と表現 - 文学	田代康子	山﨑由紀子	徳永満理	藤野友紀	西川由紀子	
第 52 回	13	認識と表現 - 文学	田代康子	山﨑由紀子	徳永満理	藤野友紀	西川由紀子	
第 53 回	14	認識と表現 - 文学	田代康子	山﨑由紀子	徳永満理	小川絢子	西川由紀子	
第 54 回	15	認識と表現 - 文学	田代康子	山﨑由紀子	徳永満理	小川絢子	西川由紀子	
第 55 回	16	認識と表現 - 文学	田代康子	山﨑由紀子	徳永満理	小川絢子	西川由紀子	
第 56 回	17	認識と表現 - 文学	田代康子	山﨑由紀子	徳永満理	小川絢子	西川由紀子	
第 57 回	18	認識と表現 - 文学	田代康子	山﨑由紀子	徳永満理	小川絢子	西川由紀子	
第 58 回	19	認識と表現 - 文学	田代康子	山﨑由紀子	徳永満理	小川絢子	西川由紀子	佐藤智恵美
第 59 回	20	認識と表現 - 文学	田代康子	山﨑由紀子	徳永満理	小川絢子	西川由紀子	佐藤智恵美

あとがき

本書の企画で配慮したことは、未来の実践のために分科会の歴史をとどめようということでした。

第一に問題になったのは、半世紀余も続く「認識と表現―文学」分科会ですが、いつどなたが分科会運営委員をしていたのか明確な記録がないことでした。全国保問研の事務所にあった膨大な全国集会の資料を繰りながら運営委員全員で探しました。巻末の資料2はその成果です。未来の保育者・研究者が、文字による記録だけでなく、人を介して分科会の歴史をたどることができるようにとの願いを込めました。

第二に問題になったのは、幻の歴史的提案を探し出し記録に残そうということでした。第二六回全国集会（一九八七年）に提案され、会場で「子どもにウソッコをホンキに信じ込ませた実践」と批判され、さらに一九九一年の夏季セミナーでも大議論になったという提案が、『季刊保育問題研究』のどの号にも掲載されていないのです。提案することにはなったものの、提案原稿が『季刊保育問題研究』全国集会提案号の締め切りに間に合わず、当日持ち込みになったようです。当時はそういうこともよくあったようで、次号に掲載されている提案もありました。けれども、この提案はそういうこともなく幻として消えてしまったのです。その歴史的実践提案を探し出しました。記録として全文を掲載します。

第二十六回全国保問研集会提案（一九八七年）

むしゃむしゃの森へゆこう

―絵本からぼうけんごっこへ―

田中照美（津保問研）

はじめに

相愛保育園は津のほぼ中央に位置する定員九〇名の産休明けから六歳までの市立保育所です。三歳ばら組十二名（うち長欠児一名）は三歳児の集団として多くない人数ですが一人ひとりの存在の大きいクラスです。進級時、クラスになじめない子が二・三名はいるなかで、子どもたちが同じようなイメージを持って共感しあえる活動をできるだけ多くつくってゆきたいと考えました。これによって、クラスの生活をより楽しいハリのあるものにできたら…と思ったからです。

あかたろうシリーズ『つのはなんにもならないか』の絵本をもとにしました。この絵本を選んだ理由は以下でした。

・この年齢の子どもたちの生活体験にピッタリである。自分たちを容易に登場人物におきかえて遊んだり生活できる。

・体験をともだちと共有している。保育園でつねに仲間の中にいる子どもたちに共感できる。

・対立する関係があり、ストーリーとしておもしろい。食べられる側（おにの子たち）と食べる

側（もりの動物たち）

・色彩が鮮明で親しみやすい色が基本になっている。赤・青・黄・緑という色を引き立たせるよう他の色調は地味。

絵本からペープサートへ

〈経過〉

・二回くらい絵本を読みきかせたあとペープサートを作ると子どもが興味を示す。

・オルガンのところを「舞台」にしてペープサートを動かす。ライオンが出てきてあかたろうを食べるところは、ペープサートを重ねることで表現する。なわとびのところはペープサートを上下に動かして表現する。ここでは「せっかく四回目だったのに」などことばのやり取りを楽しんでいた。

・三回目の読みきかせの後、食べる方と食べられる方に分かれて配役意識が出てきたようだ。

・四回目の読みきかせのとき、読みとりがストーリーにかかわった細部まですすんできた。①「くつがぬげてるよ」「ひろってあげたんやな」、②「ぼくたちつよいオニの子だい」（声の大小を分ける）

・五回目の読みきかせのあと、オニの子がムシャムシャとやられたところでオニ役がたたき返しペープサートのたたきあいがおこる。

ペープサートからぼうけんごっこへ

雑巾がけの時も「ウォーッ」とライオンになり、グルグル何人も並んで拭いたり、今までのようにまっすぐ拭いてくれなくなり、ペープサートを動かしているだけでは物足りなくてうんと身体を動かしたがっている様子なので、室内から外へ遊びの舞台を移し、もっと広い場でもっとリアルな体験をさせたいと考えた。

絵本の中のオニの子たちがドキドキハラハラする気持ちや友だちのことを心配したり、ホッと安心したりする体験を、ほんとうの森でできたらおもしろい。

そこで「、むしゃむしゃの森ってどこにあるんだろう」という問いかけをした。ペープサートを作ってから八日後、「むしゃむしゃの森」を探しにいく。

十一月二十日　庭に集まって「むしゃむしゃの森はなぞのもりー」と歌いながら保育園を出発する。稲荷神社のそばを通るとき、「木があるで、ここがむしゃむしゃの森やに」と一人が言う。「違うでー、ここは落葉のとこ」(落ち葉拾いにきた)、「キツネがおるんやに、母ちゃんが言うとった」何がおるか見に行こうとぬきあしさしあしで入る。古い社をのぞくとつくりもののキツネがズラリと並んでいる。「ほらな、キツネのうちやろ」「ガラスでできたキツネやでこわくないよ」と、泣き顔の友だちをなぐさめている子もいる。

次に物置小屋の方へ行くと瓦が積んであり、ちょっと薄暗い。三mくらい前で保母がピタッと止まり後ずさりすると、子どもたちも…。「静かに！　ライオンのしっぽが見えたみたい」「ほんと、爪も見えたし目も光ったよ」とのってくれる子がいてますます本物らしくなり、キャーッと逃げ帰り、ドカンの中へ全員避難する。二・三回同じことをくり返した後、「つのがないで人間やで、食べられるんとちがう？」と大事なことに気づいた子がいて、あわてて指を頭の上に立てたり、持っていたなわとびの柄をつののようにして縄を引っぱりながら再挑戦。

ゴミかごに死んだ子犬が捨ててあるのを見つける。「ヘビにかまれたんと違うやろか」「こわいなぁ」「かわいそうやなぁ」木の枝に黒いロープがかけてあるのがちょうどヘビのようで、その木の下にも近づけない。そこへ二人連れが通ると、口々に「あんなー、ライオンもヘビもいるしこわいよ」「そばへいったらいかん」とか言い立てる。一人の方はヘビに近づいて正体を見たが、合図をキャッチしてちゃんとあわせてくれた。この次はつのを作ってから来ようと、その日は帰った。

十一月二十二日　今日もいい天気。朝からカーペットの上でつの作りをして、つのをつけて同じ色のつの同士手をつないでむしゃむしゃの森の歌をうたって出発する。今日はつのがあるせいか意気揚々と森へ入っていく。

ゾウはいったいどこにいるんだろう、この前来たとき「ドシンドシン」の音だけはしたけれどと、もっぱらゾウの家探しをする。そしてみっけ、二つの目と白い鼻を。その家の横に古い大きなソファー。「ゾウの椅子や」「バナナがなっとるで、ゾウの家や」(どこにもそれらしきものはない。)いつも使うすべり台にゾウの絵発見。「あっ、これはゾウのすべり台だった」「ゾウさん貸してー」と大声でゾウに向かって叫ぶ。

その後ドカン山の上の石がとれて、穴があいているのを発見。「わかった、これゾウの足跡だ」「ここにも、あそこにも」「私が見つけたんやに」「いっとう初めは僕が見つけたんやに」と大騒ぎになる。木のかげに隠れたらいい」とバラバラ隠れ、いっこうに帰ろうとしない。

十二月七日　生活発表会。ぼうけんの遊びは楽しめたようですが、いざ劇としてやると、舞台の上で「ホントの森に行きたいわあー」と言ったり、あかたろうがアカンベーをしたりハプニングがいっぱいでした。

正月後のぼうけんごっこの変化

・ヘビの穴探し、ライオン、ゾウの家探しを他の公園や広場へと探索の範囲を拡大する。
・逃げ帰るだけの遊びから、「かくれんぼ」などの遊びへ。
・森の石や木の枝を使って親子で作品作り。
・二歳児をつれて森へいく。

まとめにかえて

こうした遊びの間にも二名の退所者があり問題点の多くは解決されたわけではありません。しかし共通のイメージをもち、共感しあって遊べるということが文句なしに楽しいことを身をもって感じたからこそ、この遊びはこんなに長期にわたって続いたのだと思います。

中でもY子ちゃんとT君の変化は著しいものがありました。

「すぐたたいてくる」と苦情の絶えなかったY子ちゃんは、ぼうけんの中では、こわがる子たちを励まし、いつも先頭に立って進みました。「Y子ちゃんがいるからこわくない」というみんなの信頼に応えようとして頑張り、受け入れられるようになってきました。

T君は（中略）自信がない子でした。「あおおに　あおおくん」になりたいという強い要求から「描けない」が口癖だったのに。ペープサートも作れたし、劇あそびの時、友だちと「森の木」を描いたのが課題画の第一号です。それからのT君は、描いたり作ったりするのがもっとも自信のあることになりました。一年以上経た現在も彼は時々あおくんのペープサートで「ポン」と私の肩をたたきに来ます。

津保育問題研究会機関誌『はまゆうの子』第九号(一九八七年)五十五‐六〇頁 所収
一部読みやすくするために省略や表記を変えさせていただきました。

現在読んでみると、まさに絵本や物語から展開する探検遊びそのものです。当時問題になったのは「ウソッコの世界の出入り」をめぐってでした。「ウソッコのスーパーマンの世界が現実だと思い、ホンキで窓から飛び降りるような子どもをつくってはならない」という視点だけが強調されたきらいもあったようです。ライオンがいるかなぁ? ゾウがいるかなぁ?とワクワクハラハラしている子どもたちの息づかいや心の動きは問題にならなかったのでしょうか。

とはいえ、この提案を分科会の歴史の中にきちんと位置づけることができて安心しました。掲載を許してくださったみなさま、ありがとうございました。

今回の提案探しであらためてわかったのは、提案は『季刊保育問題研究』に掲載されてはじめて分科会の提案として認められ、会場で議論できるのだということです。「締め切りに間に合わない場合は提案できない」とする厳しい基準をもつ必要があります。

本書で配慮した第三の点は、提案された実践は、各地保問研、各園が、それぞれの歴史と文化のもとで生み出したものであるということでした。全国集会の分科会は、今まで考えもしなかったまったく違う視点の実践に出会うチャンスです。子どもに何を育てようとし、保育の中で何を大切にしているのか、そのうえで今の年齢やクラスの特徴とかかわらせて試行錯誤しながら生み出された苦闘の実践です。黒白をつける議論ではなく、考え方と実践の過程から学ぶ必要があります。そこで、運営委員が議論し、最近の提案を中心に、新しい視点をもつさまざまな背景の特徴的な実践を選び、今後の議論のために一部加筆していただきました。運営委員によるコメントでは実践の特徴を取り出すように努力しました。

現在の分科会運営委員として「認識と表現―文学」分科会の現在までをまとめ、未来を展望できる資料を提供できたのではないかと安堵しています。ここを基点に、新たな実践が生み出されていくことを期待します。

（田代康子）

●執筆者一覧

有馬美和　（大阪保育問題研究会・大阪千代田短期大学附属幼稚園）
磯俣智子　（兵庫保育問題研究会・むこっこ保育園）
市枝恵子　（兵庫保育問題研究会・おさなご保育園）
梅木あゆみ（栃木保育問題研究会・風の子保育園）
*小川絢子　（愛知保育問題研究会・名古屋短期大学）
甲〆由利子（大阪保育問題研究会・元公立幼稚園）
佐伯由佳　（熊本保育問題研究会・やまなみこども園）
佐野賢二郎（京都保育問題研究会・風の子保育園）
関塚弘美　（栃木保育問題研究会・風の子保育園）
高見亮平　（東京保育問題研究会・どんぐりやま保育園）
瀧本智子　（兵庫保育問題研究会・おさなご保育園）
*田代康子　（東京保育問題研究会・元昭和音楽大学）
*徳永満理　（兵庫保育問題研究会・おさなご保育園）
*西川由紀子（京都保育問題研究会・京都華頂大学）
波多野靖明（兵庫保育問題研究会・あひる保育園）
半田智美　（東京保育問題研究会・平塚幼稚園）
*山﨑由紀子（大阪保育問題研究会・元公立幼稚園、元大阪千代田短期大学）

（五十音順所属姓名は、執筆当時のものです。*印は本書編集委員）

全国保育問題研究協議会（全国保問研）

この会は、保育問題を自主的に研究する団体が、相互に連絡・交流をはかるとともに保育実践に根ざした民主的・科学的保育研究運動を協力共同して推進し、子どもの発達保障・親の労働権保障に寄与することを目的とします。

事務局・東京都文京区本郷5-30-20　サンライズ本郷 7F

保育問題研究シリーズ

文学で育ちあう子どもたち
〜絵本・あそび・劇〜

2021年2月16日　初版1刷

編　者　全国保育問題研究協議会
発行者　伊集院　郁夫

発行所　㈱新 読 書 社
東京都文京区本郷 5-30-20
電話 03-3814-6791
FAX 03-3814-3097

組版　リュウズ　　印刷／製本　日本ハイコム
ISBN978-4-7880-2154-9